U0112106

大展好書　好書大展
品嘗好書　冠群可期

大展好書　好書大展

品嘗好書　冠群可期

運動精進叢書 11

足球技巧圖解

主編：麻雪田　田志琦
編委：李飛宇　陳永亮
　　　沈達政　邵澤山

大展出版社有限公司

本書特點

A 通俗易懂的文字

從讀者的需求出發，用最通俗易懂的文字深入淺出地介紹足球運動的基本知識和基本技術，使讀者一看就懂，一練就會，是足球入門的最佳教材。

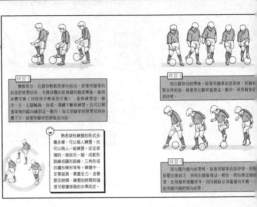

B 生動形象的動作圖解

以詳細準確的連續動作圖解形式，來說明各種足球技術動作的要點。圖示生動形象，要點簡明扼要，動作一目了然。

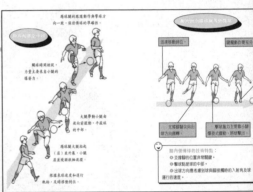

C 全面圖釋名將絕招

馬度納、克魯伊夫、卡雷卡、馬修斯、齊達內、貝克漢、勞爾、德爾·皮埃羅等超級球星成名絕技最詳盡的連續動作圖解。

作者簡介

麻雪田　1937年出生，遼寧大連人。北京體育大學教授，博士生導師。國家教委普通高等學校體育教學指導委員會委員，中國足協科技委員會副主任。

1964年畢業於北京體育學院，留校任教至今。曾任北京體育學院球類教研室副主任、足球教研室主任、體育教育系主任、中國足球高級教練員崗位培訓中心主任等職。現任北京體育大學學位委員會委員和《北京體育大學學報》編輯委員會委員。

多年來堅持足球教學、訓練、科研和教練員培訓工作，出版專著20餘本，科研成果曾多次榮獲北京體育大學、國家體育總局等單位獎勵，其中獲國家體育總局科技進步一等獎3項、三等獎1項、省、市科研成果二等獎1項。近十餘年致力於體育高層次人才的教育培養工作，培養博士生、碩士生和高級訪問學者20餘人；主持和組織足球高級教練員培訓工作，主講足球專項理論與方法，培養了250餘名優秀的足球教練員。

前 言

每一個球星都從這裡開始
必須熟練掌握足球基本技術

足球，永恆的魅力，永恆的陶醉。不僅作爲一項競技體育，而且作爲一門瑰麗的藝術，已深深地植根於全世界億萬熱情的愛好者心中。從西伯利亞的冰天雪地到南太平洋的點點孤島，從不列顚的沉沉霧海到北京城的大街小巷，足球，似乎成爲了世界通用的語言。

足球比賽之所以比其他體育比賽更吸引人，關鍵在於比賽自始至終高潮迭起、喜哀交織。它是進球、射門、神奇的撲救、驚險的射偏、流血流汗的拼爭和驚天動地的對壘；它是妙不可言的下底傳中、精彩絕倫的運球突破、妙奪天工的精確長傳、行雲流水般的默契配合以及創造比賽的激情；它是充滿情感的比賽，歡樂與絕望，喜悅與悲哀，這兩種天堂與地獄般極端對立的情感，自始至終伴隨著每一個人，它使人們激動和振奮。

在觀看足球比賽的時候，我們往往驚歎於貝克漢與里瓦爾多百步穿揚的任意球絕技、齊達內和菲戈舞蹈般的盤帶技巧、巴蒂斯圖塔和舍甫琴科氣壯山河的凌空怒射，但極少有

教練要求青少年運動員練習並掌握這些一流球員所運用的卓越的足球技巧。這是足球運動的悲哀。因爲足球運動員如果不掌握足球技巧，就像樂師沒有樂器、木匠沒有鋸斧一樣，空有凌雲壯志只能仰天長歎無所作爲。

不掌握技術就無所作爲，這是千眞萬確的。事實上，足球運動的魅力不僅僅在於全隊魔術般的配合，更主要的是每個球員都擁有完美的個人技術。衝破堅固的防守需要個人的突破，抓住進攻機會射門得分也需要高超的射門技術。這些個人技術水準上升到一定階段，才能使足球比賽生機勃勃、激情四射。

沒有一項體育運動需要掌握像足球這樣多的基本技術。足球比賽中，隊員面臨著瞬息萬變的複雜情況，必須對付一名或數名阻截自己的對手。因此，要想在足球比賽中自信自如地處理各種情況，就必須熟練掌握足球基本技術。

本書的出發點是：必須讓青少年體會到足球運動的樂趣，激發他們的訓練熱情，挖掘他們的潛力。本書以足球基本技術的圖解和基礎練習爲重點，並最大限度地擴大個人技術的範圍，儘可能全面介紹比賽中最富有決定因素的足球技術以及超級球星的一流球技。全部掌握本書介紹的基本技術，是邁向職業足球運動員的階梯，也是通向超級巨星的必然之路。

願本書給您的足球訓練帶來一個良好而充滿樂趣的開端。

目　錄

第

身體和球的控制

1

章

　　與所有的球類項目一樣，熟悉球性練習是入門的必修課。一流足球運動員的腳對球的感覺，與NBA超級球星的手對球的感覺是一樣的。因此，控制球所需要的球感，就成為學踢足球的基礎和起點。在開始階段，青少年足球運動員的全部精力都要貫注在這一方面，因為假如運動員沒有這種球感，他就無法運球自如和儘快掌握高超的技術，就不可能在足球運動中獲得任何成就。

　　天才球員對於足球都有一種異乎尋常的超人感覺，但對於絕大多數的青少年足球運動員來說，球感只能透過正規的、全面的、系統的和有目的的訓練才能獲得。基於這個道理，眾多的練習內容要分為兩個階段進行：第一階段旨在儘可能地發展球感、協調性和敏捷的腳步動作，以便自然而然地進入第二階段；進而去掌握那些在實戰中被一流球員所運用的高超技術動作。

☺ 本章重點

- 學習最基本的足球技術。
- 練習控制球的同時，進行身體的柔韌性、靈敏性訓練。
- 提高快速的腳下功夫，足下功夫要著眼於雙腳快速而有節奏的活動。
- 進行簡單的一對一遊戲，激發靈活運用自由發揮的創造性和想像力。

一、熟悉球性練習

能夠自如地控制球的隊員，其足球技術的掌握和進步也很快。為了迅速提高技術運用的能力，首先要從熟悉球性的練習開始。

練習 1

　　球在身體前面，橫著向左滾動球；做幾次以後，變換為橫著向右滾動球。然後練停球，輪換用腳內側和腳外側停球。

　　支撐身體的那隻腿的膝部和髖部要稍微彎曲，同時保持身體平衡（同時用手臂保持平衡）。

練習 2

變換用左、右腳背輕輕把球向前送，接著用腳掌的前部把球帶回來。支撐身體的那隻腿的膝部彎曲，保持身體平衡（同時用手臂保持平衡）。重複練習這一動作，左、右腳輪換，快速、連續不斷地練習。也可以順著球場的縱向練習這一動作，每次用腳掌把球帶回到身體下方，接著用腳背把球推送向前。

熟悉球性練習的形式多種多樣，可以個人練習，也可以兩人一組練習。從足球場的一端到另一端，成蛇形路線或圓形路線、三角形或四邊形陣形等等。練習中一定要認真，要盡全力，並要限定時間，練習的時間和強度可根據球員的水準而定。

練習 3

　　用右腳背向前帶球，接著用腳掌前部停球，把腳斜置在球前面，接著用左腳背重複這一動作，再用腳掌前部停球。

練習 4

　　用左腳內側向前帶球，接著用腳掌前部停球。把腳斜置在球前方，再用右腳重複這一動作。開始做這個練習，比用腳背要難得多，因為腳趾必須儘量向外撇，才能用腳內側把球向前帶。

練習 5

先用左腳內側滾動球，再用右腳內側停球，再繼續用左腳內側滾動球。這個練習要反覆多次進行，練習 50 次之後，再換右腳內側滾動球，如此循環往復。

練習 6

在身體前方用右腳滾動球，用左腳內側橫托球使球碰到右腳內側，再用左腳把球滾回來。重複這個練習，當球滾動時，頻頻用腳去輕輕拖球。這個動作也可以向右滾動兩三次，每次用腳輕輕踏動球好幾下，然後再向左滾動兩三次。

練習 7

　　用右腳腳外側斜著踢球並在球上跨過，接著用該隻腳的腳掌前部把球帶回來，再用左腳朝另一方向重複這個動作。

　　同樣的動作，也可用腳內側踢球並在球上跨過，接著用同一隻腳的外側把球帶回來。然後換腳重複練習這個動作。同樣，也可以用腳背來做這個練習。

練習 8

　　用左腳輕輕撥動幾次球，然後跨球，再用右腳內側改變球的方向。繼續輕輕撥動幾次，接著跨球，並用左腳內側改變球的方向。

　　跨球是一項基本動作，在控球時加以利用，既能使腳法敏捷，又能增加小運動員們練球的樂趣。

練習 9

　　用腳掌在球頂部稍微踩一下，使滾動的球停下來，接著用右腳內側把球踢到支撐腳後面，再向相反方向踢去。

練習 10

　　在球感和協調性有了相當程度的提升以後，小運動員們自然而然地在實戰中運用所學習的一些簡單動作。如圖所示，用右腳外側帶球，再用右腳掌停球，迅速轉身，接著仍用同一隻腳的外側把球踢向相反的方向。

二、柔韌性和敏捷性

世界超級球星大都有著沉著、果斷的性格，在球場上表現出王者的從容不迫和瀟灑自信的風度。這除了他們熟練掌握著足球技術外，在很大程度上得益於他們非凡的柔韌、敏捷素質。

控制球所需要的身體柔韌性和敏捷性，只能透過有球練習來提升，除此以外，別無它法。

練習 1

用左腳的前腳掌將球向內橫向撥動，膝深屈的同時，用右腳的腳背外側將球向前推出。

練習 2

　　用左腳的腳掌將球停住，停球的一隻腳，向球的側面儘可能地跨出一大步，然後用右腳腳背外側向右方運球。

練習 3

　　右腳前腳掌將球向後拉，用同一隻腳的外側將球向前方推出。

技術越好，動作會做得越熟練，孩子們低頭、臉朝下的狀況也就會越來越少。由於練習動作的不同，跟球的接觸也就會各異，在很小的年紀就能發展雙腳的球感和靈敏性。這是學會全面控球技術的重要基礎。

練習 4

右腳前腳掌將球向後撥拉動（引球），同時轉身180度，仍用右腳的腳背外側將球向前推出。

練習 5

　　將上面的練習組合在一起練習，右腳的前腳掌將球
向後拉，轉身的同時，仍用右腳的外側把球推出。反覆
進行。

　　進行提升柔韌性和敏
捷性的練習時，必須注意
利用腳腕和腰的力量；當
快速轉身時，也必須利用
脊椎的力量。

　　在轉換方向時，支撐
腳要儘最大可能離開球。

　　身體重心放低，一定
要深屈膝，儘可能使身體
傾向地面。

三、快速的腳下動作

巴西球員快速敏捷的腳下動作是令人賞心悅目的。現代足球運動日趨緊張激烈，逼搶兇狠，控球隊員的活動空間非常窄小。因此，在很有限的窄小的活動餘地中，快速的腳下功夫是非常重要的。

快速的步法練習，可以體會和提升動作的節奏感以及雙腳的球感，這是球員最喜歡的練習項目。

練習 1

將球從右腳撥到左腳，再從左腳撥到右腳，帶球蛇形前進。

練習 2

　　用左腳腳背內側拉球，改變身體方向，再次輕輕地觸球，再用右腳腳背內側進行練習。

練習 3

　　右腳腳尖將球拉到左腳腳背內側，輕輕觸球後，再用左腳腳尖拉到右側。

練習 4

　　用右腳腳背內側撥球，向橫向滾動，再次觸球後，用左腳進行。

練習 5

　　用左腳前掌將球拉向右腳腳背內側，同時改變身體方向。再次觸球，用右腳掌進行練習。

練習 6

　　用右腳腳掌將球向後拉，然後再用腳背外側將球向前斜方推出。再次觸球後，用左腳進行練習。

練習 7

　　用右腳腳背外側使球橫向滾動，然後再用腳背內側把球傳遞到左腳內側。再次觸球後，用左腳進行練習。

用右腳的前腳掌使球前後滾動，再次觸球後，用左腳進行練習。

練習 9

用左腳的腳掌使球向外側滾動，當球滾動到左腳內側時，將球向右腳內側撥動。再次觸球後，用右腳重複練習。

球感和球技的關係：

　　球感多用來描述對球的感知能力，是球技的堅實基礎，對球技的發展有重大影響。球感並不是先天獲得的，也沒有潛在的遺傳基因，玩球越多則球感越好。能預見球的活動並有選擇正確位置的能力，是球感好的重要標誌。

練習 10

　　右腳腳掌將球向後拉動，左右腳兩次觸球後，換成左腳進行，在原地練習。

練習 11

　　左腳置於球上，快速轉身同時，換成右腳在足球上，接著右腳腳背外側將球推出。再次觸球後，再用右腳反覆練習。

練習 12

　　用左腳足尖將球拉向後方，接著用右腳的腳背內側再把球向後撥，然後再用腳背把球推出去。再次觸球後，用右腳反覆練習。

四、敏捷的腳法

　　為了增強雙腳的球感、協調性和有球動作的速度，敏捷的腳法是很重要的。

　　上一節「快速的腳下動作」所介紹的練習方法，也都可以用來培養快速敏捷的腳下功夫。但這並不意味著兩者是完全相同的，前者側重於步法的快速敏捷，後者著重於對球的控制。

練習 1

　　在身體下方，用右腳掌前部把球轉動到左腳內側。快速地輕撥幾次球，接著用左腳掌前部把球轉動到右腳內側。

　　用左腳掌把球拖帶回來，再用另一隻腳內側停球。很快地向另一邊撥幾下球，再用右腳掌把球拖帶回來。

　　關於這一動作，圖中清楚地顯示：做快速腳法練習時，整個身體都要協同動作。

　　用右腳掌前部輕輕拉球幾次，接著急轉身，隨即換用左腳放在球上並從另一方向輕拉幾次。重複這個動作。

練習 4

　　用右腳輕輕滾動球，隨即用右腳內側斜踢球，再用左腳外側踢球。然後用左腳重複這個動作。

　　暑假期間，應當鼓勵孩子到俱樂部去。如果他們接受幾個星期的足球訓練，嘗試一下比賽，對踢球有所瞭解，他們就會對足球運動熱心起來，就會挑選足球作為自己的愛好了。

　　任何一個年輕的教練人員都能夠教這些簡單的動作，因此，他也就能夠為小運動員們在早期階段的發展（這是非常重要的）做出貢獻，這也就是說，他能夠幫助孩子發展球感和腳部的協調性。

第 *1* 章 身體和球的控制

練習 5

　　左腳從外向內跨球，隨即用左腳外側使球滾回來。輕撥幾個球，然後用右腳跨球並把球向回滾動。

8～9歲的孩子如果在足球方面有了進展，他們就會渴望進一步學習。他們好像有無窮的精力，並且希望從最佳運動員那裏儘可能多學到一些東西。

對於教練員來說，沒有什麼能比幫助孩子們成長為兼備魅力、技巧和創造性的足球運動員，更讓他欣慰的了。小運動員由於在足球方面有了進展，就會以堅定的決心和信念沿這條路走下去。他們借助於跟球的多種接觸（特別是單獨練習，因為這些練習對他們是很適合的），球感和協調性極佳，因此，在訓練中就會主動地去學那些在實戰比賽中所運用的動作。

在他們這樣的年齡想像力和主動性特別豐富，他們在小型比賽中會使用很多這樣的技術動作，正是由這樣的途徑，他們為自己的成長和發展打下了一個良好的基礎。

第 *1* 章 身體和球的控制

練習 6

　用右腳繞球作「剪刀動作」，再用左腳外側迅速把球向相反方向踢出幾公尺遠。用左腳停球，再用右腳作「剪刀動作」。

第 1 章　身體和球的控制

練習 7

　用腳背做一個踢球動作，只讓球轉動半圈。用同一隻腳停球，迅速轉身並輕輕撥動幾下球。然後用左腳停球，右腳重複這一動作。

　在進行敏捷的腳法練習時，做了踢球動作以後，可以用左右兩腳的內側輕輕撥球兩次或四次。不斷地增加練習的速度和靈活性，是很重要的。

練習 8

　　用左腳停球。用右腳內側踢一下球，並用腳掌或腳背內側把球拖帶到支撐腳後。迅速轉身，用腳內側輕撥幾下球，再重複這一動作。

練習 9

　　左腳跨球，並用右腳內側帶球啟動，接著用腳掌把球拖回並用右腳外側帶球啟動。右腳跨球同樣。左、右腳交替反覆練習。在這一練習中，運動員快速地連續做兩個動作，目的在於增進控球能力，加快動作速度。

　　小運動員們在練習中，尤其是在自己主動加時練習時，可以自己選定動作的先後順序。

五、擴大視野

眼睛離開球，環視四周，及時洞察並利用場上出現的情況，抓住戰機，是一名優秀運動員必須具備的基本能力。

目前還沒有什麼特殊的提高視野範圍的練習方法，事實上，如果球感非常好的話，即使眼睛不看球，也能很好地將球牢牢控制在腳下。

所有成熟的球員都應當有抬頭看人的習慣！優秀球員的最主要特徵之一就是能準確預見球的去向，於是控球動作比別人快，在觸球前總能保持目光觀察場上局面，控球時能合理分配目光，做到既看球又能關注到周圍隊員的活動情況。

隊員所要跨越的一個最大障礙就是從低頭看球到抬頭看人，而解決這一問題的重要手段之一，主要是幫助隊員熟練地掌握球技。

當一名隊員的球技較差時，他只能低頭看球，而一旦擁有嫻熟的球技，必然會考慮抬頭看人的問題。

第 *1* 章 身體和球的控制

什麼是看人隊員？

這樣的隊員有充分信心處理球，因為有卓越的球技，對其周圍情況瞭如指掌，能做出正確的決策。並且，無論有球與否，非常注意觀察周圍隊員的動向。

什麼是盯球隊員？

這些隊員由於球技拙劣，不得不把目光完全集中於球。似乎忘記了周圍比賽局面，因而導致大量控球以失敗而告終。

成為一名「看人隊員」需要多年的訓練，判斷一名隊員究竟是哪類隊員，最好在比賽中評定。一些似乎是看人隊員，在激烈比賽或比賽某一瞬間，可能會變為盯球隊員。「看人」的能力與年齡也密切相關，11歲以下的小隊員，絕大多數的目光是盯著球的。

隊員對球的實際接觸和處理球的動作，稱之為有球技術。應鼓勵小隊員儘可能多地接觸球，並選擇適宜大小的球來進行練習。在小球員剛剛進行足球訓練的階段，讓他們眼睛看球是正確的，但不必強迫他們一定要這樣做。畢竟有些隊員由於以前有玩球的球技基礎，能夠觀察球以外的鄰近局面並成功地處理球。

六、創造性和應變能力

　　沒有一項體育運動像足球運動這樣，持球的運動員可以自由地充分發揮自己的創造力。因此，對於青少年足球愛好者來說，必須從最初的練習階段起，在所進行的練習中，時刻注意發揮主觀能動性，即興發揮，隨機應變，靈活機動。

　　發揮創造性和隨機應變能力，能夠開拓青少年球員的視野，啟動思維，感受從事足球運動的無窮樂趣。

練習 1

　　用右腳的腳掌將球橫向滾動傳遞到左腳的內側。然後，再用右腳把球拉到後方，而後用右腳的腳背內側將球停住。反覆練習。

練習 2

　　用右腳的腳掌將球向後拉，再用右腳腳背外側將球推出。左腳跨過球，再用右腳腳背內側將球推出。

練習 3

　　用右腳腳掌停球，然後做出用右腳外側向右方踢球的姿勢，可是卻將腳向球右側大步跨出，用左腳的腳背外側向左方將球踢出。

　　創造性和應變能力的練習，是最富有樂趣的基礎練習，以上僅舉三例。廣大足球愛好者可自行研練，一般在防守者的干擾下，比較容易發揮創造性的應變。但是，需要特別提出注意的是，千萬不要把這些練習變成單純地發展速度的練習。應該經常改變練習的強度和節奏。

　　為了進一步掌握控球技術和敏捷的腳法，小球員們都以極大的興趣和熱情去進行創造性和應變能力的練習。他們在兩隻腳之間，忽前忽後地輕輕踢動足球，接著又用某個動作改變方向。

在兩個圓錐柱之間做停球動作。

改變方向跨越球。

在做控球練習期間，脈搏通常為 110～120 次。這樣，能夠在不知不覺間，緩慢地但卻肯定無疑地改善小運動員的身體素質。動作越靈活，身體素質改善的速度越快，小運動員們也就越樂於從事鍛鍊。

第 *1* 章

身體和球的控制

一些隊員經常以他們在比賽中觸球次數的多少，來評價自我水準的高低。如果把這些觸球中傳球和射門成功多少、突破對手幾次、丟失控球權幾次的數字包含在內，其的確不失為評定水準的一個重要標準。

優秀的教練員應懂得，*控球更重要的是成功而不是次數*。數量不僅對比賽意義不大，而且真正出色的球員也從來不從數量上得到自我滿足。成功地處理球受多種因素的干擾，但個人的有球技術是重要的基礎。

第

傳球與接應

2

章

傳球在足球比賽中起到血液循環的作用。

傳球是隊員之間聯繫的主要方法，在球隊保持控制權時，傳球技巧運用得最為頻繁。傳球和接控球是足球運動中最重要的技術，隊員接球後，80%以上的情況會把球傳給同伴，其次才是射門或運球。為了更精確地傳球，隊員必須掌握多種傳球技術，沒有什麼方法可替代精湛的傳球技術，也沒有任何戰略可迎合不準確的傳球。

精湛的技術是否能確保出色的傳球，這首先要取決於傳球意識，懂得何種技術能滿足比賽局面需要、何種技術可帶來最佳效果，及何種技術能隨心駕馭。

☺ 本章重點

- ●學習最基本的傳球技術和接控球技術。
- ●透過練習來感受並掌握傳球時機和接控球時機。
- ●樹立實戰意識，躲過對方防守，正確地傳球和接控球。
- ●肌肉放鬆，身體協調，控制好身體和球的節奏。

一、傳球技術

每個隊員的目的都是為本隊破門得分，這就要求隊員們要準確地互相傳球，而且不讓對方得球。傳球有多種不同的方式，球員必須根據不同的情況採取不同的方式。

傳球技巧的五大要素

- 隱蔽性。
- 傳球的選擇。
- 傳球的時機。
- 傳球的力量或速度。
- 準確性。

在觀看一場比賽時，要注意傳球隊員在將球踢出時如何兩眼看球而同時使用雙臂動作以保持平衡，還要注意球員在將球踢出時如何正確地用力，以便本隊隊員能容易地將球停住。

（一）傳球技術分析

在學習和掌握傳球技術時，應把握傳球技術的基本結構。每一種傳球技術都要涉及到這 5 個動作環節。如果要尋找傳球不準確的技術原因，只要對這 5 個技術環節進行分析就可以了。

隨前動作 ← 擊球 ← 踢球腿後擺 ← 支撐腳站位 ← 助跑

助　跑	直線或斜線。
支撐腳站位	●置於球側，身體傾斜於球上，球路就低。
	●置於球後，身體後仰，球路就高。
	●置於球前，踢球時可能產生危險。
踢球腿後擺	自膝下的一條垂線，當腳將碰到球體後側面時，由於腳的位置而產生強勁的踢球。
擊　球	●擊側面球側旋。
	●擊上部落地快。
	●擊下部下落慢。
隨前動作	●平衡
	●下一動作。

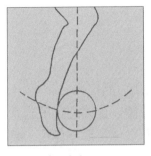

擊球部位

踢球腿後擺

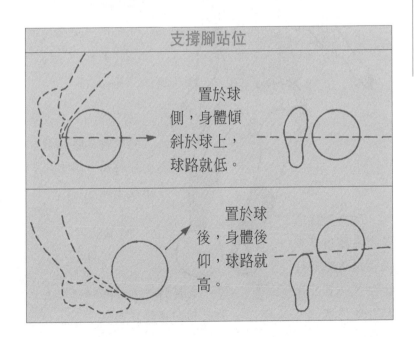

支撐腳站位

置於球側，身體傾斜於球上，球路就低。

置於球後，身體後仰，球路就高。

(二)傳球技術圖解

1.腳內側推傳球

這是傳出準確的短距離地面球的最可靠技術。

踢球腳必須外展,這樣可使腳內側以正確的角度對準傳球路線,踝部必須緊張。為了傳低平球,擊球作用力要通過球的水平中線。

兩臂伸出
保持身體平衡。

用腳內側
的中部擊球。

踢球腳從膝關節
處向外轉動,與出球
方向幾乎成90度。

腳內側傳球
是短距離內準確
而快速傳球的好
方法,而且能保
持低球傳遞。

支撐腳應置於球的裡側,
腳尖指向傳球方向。

推傳時助跑的方向與出球方向一致。

支撐腳應置於球的一側，腳尖指向傳球方向，支撐腳距球約在 15 公分左右，應保證踢球腿的自由擺動。

踢球腳在觸球時，腳應外轉並使腳內側以正確角度對準傳球方向。踝部要緊張並保持堅硬。觸球時，頭部要穩定，眼睛要看著球。

踢球腿的跟隨擺動是與傳球方向一致而不是向身體一側擺動。

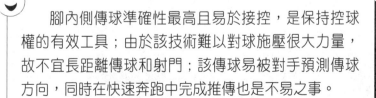

腳內側傳球準確性最高且易於接控，是保持控球權的有效工具；由於該技術難以對球施壓很大力量，故不宜長距離傳球和射門；該傳球易被對手預測傳球方向，同時在快速奔跑中完成推傳也是不易之事。

第2章　傳球與接應

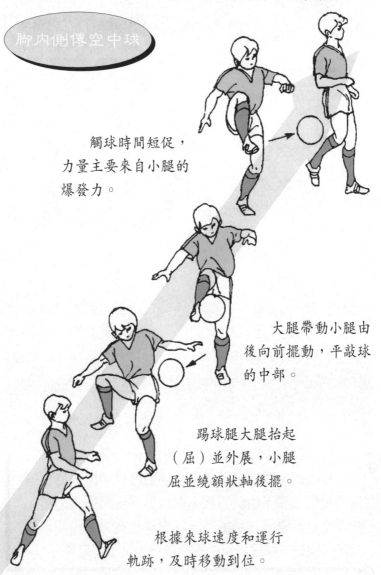

踢球腿的跟隨動作與擊球方向一致，保證傳球的準確性。

腳內側傳空中球

觸球時間短促，力量主要來自小腿的爆發力。

大腿帶動小腿由後向前擺動，平敲球的中部。

踢球腿大腿抬起（屈）並外展，小腿屈並繞額狀軸後擺。

根據來球速度和運行軌跡，及時移動到位。

腳內側向踢球腿異側傳球

迅速移動到位。

隨擺動作要充分。

支撐腳腳尖向出球方向側轉。

擊球施力主要靠小腿爆發式擺動，將球擊出。

腳內側傳球的技術特點：

● 支撐腳的位置非常關鍵。

● 擊球點是球的中部。

● 出球方向應考慮到球與腳接觸時的入射角及球運行的速度。

2.腳背正面傳球

腳背正面傳球擺幅較大，踢球力量較大，準確性較強，因此，技術難度較推傳大些，必須多加練習才能完全掌握。

踢球腳的作用力必須通過球的水平中線，腳趾朝向地面，否則腳背擊球的作用力將通過球的中底部，球容易被踢高。

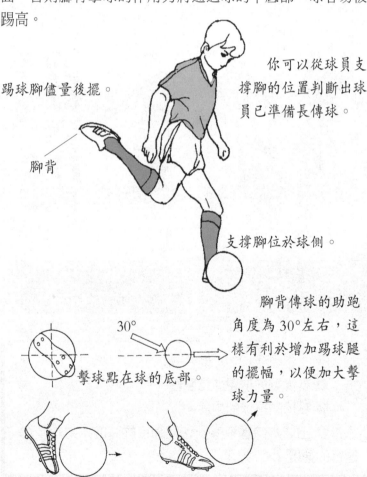

踢球腳儘量後擺。

你可以從球員支撐腳的位置判斷出球員已準備長傳球。

腳背

支撐腳位於球側。

30°

擊球點在球的底部。

腳背傳球的助跑角度為 30°左右，這樣有利於增加踢球腿的擺幅，以便加大擊球力量。

觸球前的最後一步要加大，為的是進一步增加擺幅。

擊球後，踢球腿應隨出球方向前擺，這樣的跟隨動作可輔助傳球的準確性。

支撐腳的位置與球平行，離球 10 公分左右。

觸球時，踝部應緊張且腳尖指向地面，這樣可保證擊球的後中部並使球低平飛行。若腳尖不指向地面，一是容易造成腳尖捅球，再就是觸球點在球的中部與底部之間，球會飛離地面。

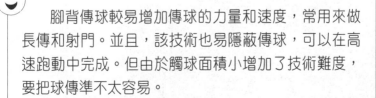

腳背傳球較易增加傳球的力量和速度，常用來做長傳和射門。並且，該技術也易隱蔽傳球，可以在高速跑動中完成。但由於觸球面積小增加了技術難度，要把球傳準不太容易。

（1）腳背正面踢側面半高球

根據來球速度及運行軌跡，選好擊球點，身體側對出球方向。

由來球方向的異側腳支撐，腳尖指向出球方向，身體向支撐腳一側傾斜。

展腹，踢球腿抬起，大腿伸小腿屈，大腿帶動小腿由後向前急速擺動。用腳背正面擊球的中部，同時身體向出球方向扭轉。

擊球後踢球腳隨球前擺著地以維持身體平衡。

内德維德："我是一匹來自捷克的狼。"　　内斯塔："未來屬于我。"

傳好球的五大因素：

1. **準確**：是指傳中目標，如接球隊員在跑動，要將球傳到跑動隊員前面，讓隊員追上拿球；傳給沒移動的隊員接球，以他即刻能控球為準。

2.**力量**：傳球力量決定於傳球距離，傳球距離近，則用力小，反之，則用力大。距離近，準確性高；距離遠，準確性差。

3.**時機**：時機因素與準確性、用力適度同等重要。比如一個前鋒實現了切入防守者身後的意圖，但傳球太遲或太慢，結果被補上的防守者截獲，失去了進攻良機。

4.**晃騙**：機敏的防守者常常能在進攻者採取行動之前，就能識別他的意圖，使進攻者行動失效。但高水準的運動員則是利用晃騙（假動作），使防守者暴露出空檔，創造進攻機會。

5.**角度**：是指傳球運動員的視野角度和傳球者與接應隊員間可能傳球的角度。

（2）凌空踢倒勾球

以踢球腿為起跳腿
蹬地起跳，同時另一腿
上擺，身體後仰騰空，
眼睛注視來球。

第 2 章　傳球與接應

選好擊
球點，及時
移動到位。

蹬地腿在離地後
迅速上擺，而另一腿
則向下擺動（以相向
運動來保證身體在空
中的平衡），以腳背
正面擊球的後部。

踢球後，兩臂微屈，
手掌向下，手指指向頭部
相反方向著地。屈肘，然
後背部、腰部、臀部依次
滾動式著地。

（3）直線助跑用腳背踢凌空球

在處理球時間緊迫時，如搶點射門或傳球、防守解圍者，憑藉該技術就可更早、更迅速地利用控球權。

踢球腳的擊球作用力應通過球的垂直中線，擊球點在球的中底部而不是底部，踝部應伸展。

身體保持平穩，在擊球之後頭部仍要保持穩定。

腳背（鞋帶部分）擊球，擊球作用力要通過球的垂直中線。

在提膝的同時伸展踝部。支撐腳應置於球後，擊球早比擊球晚時的支撐腳位置應更偏球後一些。

準備擊球動作。助跑時應對著來球，兩臂在體側以維持身體平衡，支撐腳的位置在球後，腳尖對著傳球方向。

第 *2* 章 傳球與接應

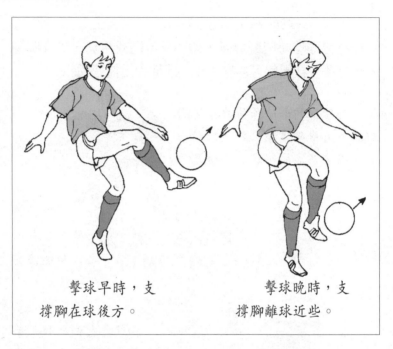

擊球早時，支
撐腳在球後方。

擊球晚時，支
撐腳離球近些。

直線助跑用腳背踢凌空球的優點：
　● 可使傳球越過離球只有幾公尺遠的防守者頭
頂。
　● 儘可早地把球傳出。
　● 可做長傳。
　● 球速較快。
　● 若使球產生上旋，傳出的球可迅速「下墜」。
直線助跑用腳背踢凌空球的缺點：
　● 傳球的準確性難以控制。
　● 球速難以控制。

（4）側向助跑用腳背踢凌空球

該技術常常指的是「凌空側勾」。其主要特點是身體置於球的飛行路線一側並側對來球方向。前肩下側以確保踢球腿的平穩擺動。

踢球腳向外展，踢球腿的擺動方向朝前並橫切於身體。擊球點在球的水平中線以下。

提前採取側身站姿。

踝部伸展，膝部提起應領先於腳。

支撐腳置於球的側方以確保踢球腿的擺動擊球與隨擺動作，並以支撐腳為軸轉動身體。

踢球腿幾乎與地面平行。

腳背擊球點在球的水平中線以下。

擊球後，身體與支撐腿順勢轉動。

側向助跑用腳背踢凌空球的優點：

● 可使傳球越過離球僅有幾公尺遠的防守者頭頂。

● 可做長傳。

● 球速較快。

● 可儘早地把球傳出。

側向助跑用腳背踢凌空球的缺點：

● 比踢直線助跑腳背凌空球的準確性更難於控制。

● 球速難以控制。

（5）腳背搓傳

擊球點在腳觸地即刻的觸球點上，該技術伴有踢球腿的向下插入動作，但沒有隨擺動作。此技術可使球產生急劇的迴旋。

腳背搓傳的優點：

● 由於球的迴旋，不僅使球的飛行路線陡然升起，而且可傳球越過離球僅有 5～6 公尺遠的防守者頭頂。同樣由於球的迴旋，可使球在很小的空間內停住。

腳背搓傳的缺點：

● 傳球距離僅有 20～25 公尺。

● 因為要對付球的旋轉，接球隊員在跑上接球時有一定難度。

（6）腳背大力高吊球

若要成為一名優秀的足球隊員，腳背大力高吊球技術是必須掌握的，因為在比賽的某些局面下，把球傳過防守者頭頂是唯一的選擇。

助跑仍是斜線方向，但角度可大可小。

踢球腿在觸球後要隨出球方向繼續上擺。該技術最宜做長距離傳球。

支撐腳的選位一定要在球的側後方，觸球時要使踢球腳的踝關節伸展並保持緊張，腳尖外指，擊球作用力要通過球的垂直中線，觸球的部位在球的中底部之間。要想傳高球，擊球點必須在球的水平中線以下，越接近底部，傳出球的後旋越加劇且球速慢，但球會陡然升起。

腳背大力高吊球正面圖

踢球腿充分伸展，支撐腳位於球的側方。身體稍後傾。

腳背大力高吊球背面圖

踢球腳掃擊球的中底部。

3. 腳背內側傳球

腳背內側傳球是足球比賽中經常運用的技術，其技術結構與腳背正面傳球有相似之處，但技術細節有較大差別。

踢球腿的擺動由內向外並橫切於球。

支撐腳位於球的側方稍後一點，這有利於踢球腳對球的橫切擺動。

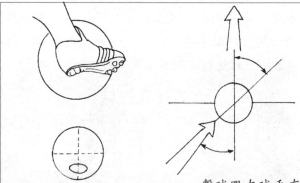

觸球部位為腳內側前部，即腳大拇趾部分。

擊球點在球垂直中線的外側，使球產生由外向內的旋轉，擊球作用力要通過球的水平中線以保證球低平飛行。

斜線助跑，助跑方向與出球方向約成 45°角，最後一步稍大，支撐腳在球的內側後方 20～25 公分處積極著地，腳尖指向出球方向，膝關節微屈。

踢球腿以髖關節為軸，大腿帶動小腿由後向前擺動，當大腿擺至與支撐腿接近同一平面時，小腳做爆發式擺動，此時腳尖外轉腳外翻，腳跆屈（腳背繃直）以腳背內側部位觸擊球。

擊球後踢球腿及身體繼續隨球向前。

腳內側踢球的技術特點：

由於腳內側踢球時上體向支撐一側傾斜，造成踢球腿擺動時的落圍增大（大腿伸屈受限制的範圍縮小），所以，能夠踢出各種旋轉球及遠距離球（射門）。

（1）腳背內側踢反彈球

根據球的落地點及時移動到位，在球離地（反彈一瞬間）踢球。這種踢球方法多用於踢側方或側前方來的空中下落的球。

（2）腳背內側傳弧線球

該技術不同於腳內側推傳，腳內側傳弧線球技術無論長短傳都可以運用，許多隊員利用該技術射門。此外，在定位球進攻時，例如在踢直接任意球或角球時，均有一定效力。

任意球

大衛‧貝克漢 DAVID BECKHAM

他的任意球弧線美妙，殺傷力
強，是英格蘭隊致命武器之一

身體微向後仰。

踢球腳的
內側擦邊踢球
的外側。

支撐腳輕輕
放在球後一側。

　　利用腳內內側踢出弧線球，通常被稱為「香蕉球」。
這種技術比利用腳外側踢弧線球更為困難。只有那些技術
純熟的球員才能踢出弧線球越過對方隊員或對方人牆而射
門。支撐腳輕輕放在球後一側，踢球腳的內側前部從球的
外側用力擦邊踢出，踢球部位越低，球踢得就越高。

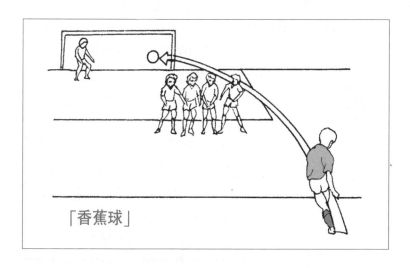

「香蕉球」

第2章 傳球與接應

腳內側傳弧線球的助跑方向為斜向30°，這有助於加大踢球腿的擺幅。

支撐腳的選位在球的側方稍後一點，腳尖指向前方。

若是右腳踢球，踢球腿應自左向右擺動，觸球時，以第一足趾關節部位（即踢球腳內側的前部）擊球的右中部，就會使自右向左旋轉。若是傳空中弧線球，觸球點在球的中部偏下。擊球點若在球的中部，球則會低平飛行。

隨擺動作的方向應遠離身體。

腳內側傳弧線球可使球產生很大的飛行弧度，能繞過對手，給對手的阻截增加困難。邊路傳中時，球在飛行中會遠離守門員。不足的是，傳出的球在一直旋轉且飛行軌跡為弧線，因而會使接控球的動作會困難些。

4. 腳背外側傳球

腳外側傳球是高水準球員的必備技術。無論是短傳還是在盯防緊密的情況下，腳外側傳球的出球角度大且有極強的隱蔽性。長傳時可使球呈弧線繞過防守者。

用腳外側小趾和踝骨之間的部位擊球

腳外側傳球不如腳面傳球有力，但它可以吸引對方隊員逼近，以迷惑對方。當對手逼近時，可將球輕輕傳向一側。

腳外側傳球的技術特點：

● 踢球的部位應視所需球的性質而定。

● 由於此種踢球腳腕的靈活性較大，擺腿方向變化較多並且在助跑時又是正常的跑動姿式，故其出球隱蔽性較強，在足球比賽中各種距離的弧線球及非弧線球均可使用。

助跑、支撐腳站位及踢球腿擺動均與腳背正面踢球技術的這三個環節相同，腳觸球是用腳背外側部位觸球。此時要求膝關節和腳尖內轉，腳背繃緊，腳趾緊屈並提膝，觸（擊）球後身體跟隨踢球腿的擺動前移。

（1）腳外側傳弧線球

該技術與腳內側傳弧線球相似，不同點在於擊球點和不同的觸球部位。

腳外側傳球是那些高水準球員的必備武器。

腳外側傳弧線技術可以在長傳時運用，並且也是很有威力的射門技術，另外，該技術能在高速跑動中完成。但該技術難度較大，若要熟練掌握，須多加練習。

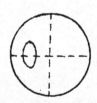

觸球時應以腳外側擊球中心的內側。若是右腳踢球，觸球點在球中心的左側。

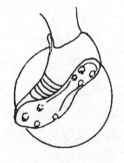

觸球部位是腳外側。

觸球時（仍以右腳踢球為例），踢球腿自右向左擺動，以腳外側擊球的右中部，可傳出自左向右旋轉的弧線球。

助跑方向為直線，這可保證踢球腿的外擺。

支撐腳位於球的側方稍後，腳尖所指方向與助跑同向。

觸球後踢球腿的跟隨動作是繼續向外上方擺動，與出球方向明顯不一致。

觸球時的背面圖

踢球腳的擺動由外向內並橫切於身體和球，這樣可對球施加自內向外的旋轉力。為確保踢低球，擊球作用力應通過球的水平中線。

踢球後的背面圖

踢球腳的擺動橫切於身體。支撐腳置於球的側方並稍後一點，非常有助於踢球腳的擺動。

（2）腳外側敲傳

在對手防守壓力大且人員密集的情況下，腳外側敲傳是極為有效的技術。它與腳外側傳弧線球技術的不同之處在於踢球腿的擺動幅度小，幾乎是僅靠關節向外的加速抖動來完成的，可以說只是腳的敲擊過程。所以，該技術極具隱蔽性，可在自然跑動中傳球。若要傳低球，觸球時應使擊球作用力通過球的水平中線。該技術因傳球力量難以施加，只宜做短傳。

進行敲傳時，踢球腳在擊球時向外轉動並擊球的外側，為確保踢低球應使擊球作用力通過球的水平中線。

支撐腳置於球的側方並稍後一點，這樣有助於踢球腳的擺動。

敲傳的隱蔽性強，但只可做短傳。

A 準確接球。注意，踢球腿的膝關節是彎曲的。

B 傳球。踢球腿伸展並外展。

C 傳球後一般朝傳球的相反方向轉身並擺脫防守者。

（3）腳背外側彈踢球

這是一種與以上各種方法不同的踢球方法。其擺腿方法是以膝關節為軸的小腿爆發式彈擺為主，其擺動方向為前擺、側前擺、側擺。擊球後踢球腿迅速收回。由於這種踢球方法踢球腿擺幅小，並且是以小腿擺動為主，故完成動作快而突然，且隱蔽性強，多用於快速運球中的傳球。

5. 腳尖傳球

這是一種用腳尖部位接觸球的方法，由於腳尖踢球出球異常迅速，尤其是雨天在場地泥濘時使用。由於這種方法可以發揮踢球腿的最大長度，往往又用來踢那些距離身體較遠的用正常腳法無法踢到的球，又稱為腳尖捅球。

在踢球腳落地前用腳尖捅球的後中部。

用支撐腿跳躍上步，踢球腿屈膝前跨，髖關節儘量前送，兩臂上擺協助身體向前躍出，小腿直伸。

72

6. 腳跟傳球

這是用腳跟（跟骨的後面）接觸球的一種踢球方法。

由於人體結構的特點，這種踢球方法（大腿微伸小腿屈）產生的力量小，但由於其出球的方向向後，故有隱蔽性和突然性。

球在支撐腳外側，踢球腳在支撐腳前面交叉擺到支撐腳外側用腳跟擊球。

球在支撐腳外側，後擺用腳跟踢球。

傳球腳法及方法主要有裏、外、正腳背、足弓、腳尖、腳跟、頭頂 7 種。從第 12～14 屆世界盃賽的 229 個傳切配合進球中統計，最後一傳運用的腳法，裏腳背為最多，共 124 個，占 229 個傳切配合進球的 54.1%。其次足腳弓 65 個，占 28.4%，這說明關鍵的一傳要用最大把握、最準確的腳法。

7.邊線傳中

邊線傳中也多是用腳背內側的踢球技術，但傳球時，多是在快速奔跑中或者在對手激烈的逼搶中，而且還往往是在不轉身的情況下完成踢球動作的。

支撐腳最後一步稍大，用遠離內線防守者的另一側腿略帶橫向擺動，腳背內側擊球時靠踝關節的內轉和抖動將球傳出。

踢球時，身體重心向踢球腿一方傾倒，如遇衝力慣性太大，可倒地緩衝。

8.頭頂傳球

比賽中，為了爭取時間和空間的優勢和主動，需不待球落地即將球傳出。頭頂傳球是處理空中球的主要方法。

觸球部位

頂射時應用頭部前額觸球，睜開眼睛並看著球。觸球的一瞬間，眼睛會不由自主地閉上，這是正常的，但僅僅是一剎那間。為了向下擊球，必須用頭部擊球的上半部分。

這是初學頂球時，年輕小隊員常犯的兩個錯誤：觸擊球前閉眼；聳肩並轉頭。這樣都不可能使頂球動作準確、有力。掌握頂球技術的重要原則是用頭擊球，而不是讓球擊頭！

觸擊球前閉眼　　聳肩並轉頭

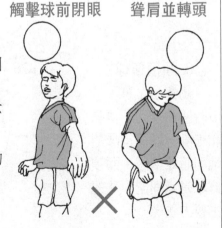

跳起頂擊球空中球的技術特點：

　●跑中跳起頂擊空中球，可增大頂球的力量，跑速越快，擊球力量越大。

　●跳起後，背應成反弓形，頭和頸伸展，然後用最大力量向前擊球。即使站立式跳起頂球，如果頸部和頭部動作正確，頂出的球速和力量也會增大。

　●頂球者必須牢牢記住的是：眼睛保持睜開，並且必須用頭部前額擊球的上半部。

（1）前額正面頭頂傳球

原地頭頂傳球

　身體正對來球方向，眼睛注視運動中的球，兩腳左右開立（或前後開立），膝關節微屈，重心置於兩腳間的支撐面上（或後腳上），兩臂自然張開，當球運行到將近通過重心垂直於地面的垂線時，兩腿用力蹬地，迅速向前擺體，微收下頜，在觸球前瞬間頸部做爆發式振擺，用前額正面擊球中部，上體並隨球前擺。

第2章 傳球與接應

後蹬頭頂傳球

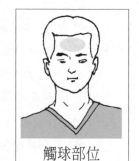

觸球部位

當球運行到身體上空時，利用挺胸、展腹、揚下頜，身體向後上方伸展，用前額正面靠上的部位用力擊球下部，將球向後上方頂出。

原地跳起頭頂傳球

這種技術多用在本方傳來過頂球，或對方進攻傳來過頂高球時運用。多用雙腳起跳，兩膝微屈，重心下降，然後兩腳用力蹬地起跳，同時兩臂屈肘上擺，在身體上升階段展腹挺胸，兩臂自然張開，眼睛注視來球，身體自然成背弓，當球運行至身體額狀面時，迅速收腹，上體前擺，觸球前瞬間頸部做爆發性振擺，用前額正面將球頂出。同時兩腿向前做振擺。球頂出後兩腿屈膝屈踝落地。

跑動跳起頭頂傳球

　　根據來球的速度、運行軌跡，選好起跳位置，及時跑到起跳點，起跳前一步稍大些，起跳腳用力蹬地跳起，同時另一腿屈膝上擺，兩臂屈肘自然上提。其餘各環節與原地跳起頭頂球相同。

（2）前額側面頭頂傳球

跳起頭頂傳球

在起跳後的身體上升階段上體向出球的相反方向側擺，在身體達到最高點時，上體急速向出球方向擺出，頸部扭擺甩頭，用前額側面擊來球的後中部，將球擊向預定目標。落地時屈膝緩衝並保持身體平衡。

觸球部位

跳起頂球時，要準確判斷來球的高度與落點，並選擇起跳的地點和時間。頂球後，兩腿自然屈膝落地。

　　頭頂傳球可以向前傳，向兩側傳，也可以向後傳。傳球時，在高度允許的情況下應頂球的後上部，使球儘量落在同伴腳下，以便於控制。

　　缺乏勇氣的隊員不可能成為優秀的頂球手。年輕小隊員在頂球時，常因害怕而不敢用頭觸球。解決這一問題的辦法是學會掌握正確的頭球技術。

　　沒有什麼技巧能夠充分地彌補個人勇氣的不足，一個運動員只有首先具備了勇氣，他才能充分利用頭球技術，在比賽中發揮其作用，爭取最佳戰績。勇猛的隊員總是很難防範，並且總能獲得更多的頭球機會。

9. 擲界外球（擲長距離的界外球）

　　擲長距離的界外球如同角球一樣對防守方是個威脅，優秀的擲球隊員可以從邊線或靠近角旗處，將球擲到球門附近。

第2章 傳球與接應

手指握球,把
握正確方向。

身體猛烈向前彈回。

雙臂越過
頭部將球盡力
拋出。

持球舉到頭後。

背部後仰。

膝關節彎曲,以
利腰部靈活運動。

雙腳部分著地,
蹬在線上或線後。

一腳在前,一腳在後,
以便於發出更大的力量。

持球於面前。

手指伸開托住球兩側,
拇指幾乎碰到球面。

短距離跑動有助於
積聚身體的力量。

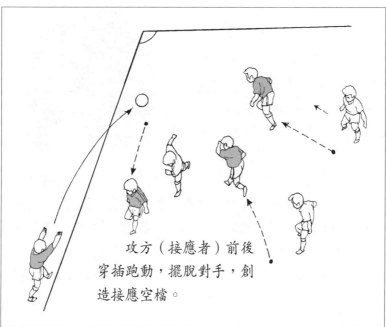

攻方（接應者）前後
穿插跑動，擺脫對手，創
造接應空檔。

夾擊防守。對侵入要害地帶
的攻方隊員，實施夾擊防守。

二、接控球技術

當一個隊員得到隊友的傳球，他需要將球停住並控制在自己腳下，再飛速帶球前進，離開雙方隊員密集的爭搶區。

請注意一個技術純熟的球員是如何利用身體的不同部位來停球的。無論他用身體的哪一部位，其基本技術幾乎都是一樣的。當球飛近時，身體接觸球的部位都須放鬆，並稍向後收縮，以減弱和吸收球的衝擊力。如果身體僵硬，球就會彈離身體而去。

在傳接球過程中，兩眼要緊盯球移動，雙臂要保持身體平衡。

用腳內側將球停住。

腳向後收縮，以吸收腳的衝擊力，並避免球的反彈。

身體站立迎接飛來的球，挺胸，雙臂分開。

雙臂向後收縮，胸部放鬆並收縮，讓球落下。

（一）接控球技術分析

1. 接控球技術要點

（1）突然擺脫，迎球接球

擺脫對手的接球意圖要突然，並要突然起動迎球，以利於擺脫對手更遠，可以及時接同伴傳球或接球後轉身面對對手，尋求攻擊機會。

（2）富有攻擊性

控球是以進攻為目的，接控球要與下一個動作連接起來，去威脅對手，攻擊對手，不是單純地為接控而接控。

（3）護球擋人

接球時，儘可能快地移動身體位於球的行進路線上，使球、接應者、防守者成三點一線。

（4）緊緊連接傳球和射門

接控球的目的就是為了更好地爭取進攻機會。因此，當接控好球後，一旦出現這種時機時，必須及時傳球或射門。

如果一個球員正在控制球，而他又不能立即將球傳出，則經常採用「掩護球」技術，將身體置於對手與球之間保護球。圖中的球員將球轉移到外側，避開對方隊員，正準備用腳的外側將球傳出。

2.接控球技術動作要領

準：就是對來球的落點判斷要準；步法步點要踏準；動作方法和接趟球腳的部位要準。

柔：即動作要協調、自然、放鬆。也就是在接球時腳或身體的其他部位去適應球，而不是球去碰腳或其他部位。

順：接控要順球勢。如接地滾球時，要順勢轉向趟運方向，接高空球時要順勢下撤，接平急球時，要順勢後撤。

壓：在接落地反彈球時，接球腳離地面不超過 10 公分，與地面角度為 45°，當腳接觸球剎那間，腳要向下壓；在接平胸來球時，胸部微收，觸球時要下壓。

(二)接控球技術圖解

1.腳內側接控

腳內側觸球面積大且運用最為頻繁。但腳內側接球時腳必須外轉，使得隊員在跑動中運用該技術時會破壞正常的跑姿、跑速。

頭部應穩定。

應儘快移動身體至球的運行路線上。

高水準球員在接球技巧方面應具備的能力為：能
接控來自不同角度和不同速度的球；能在一名或更多
名對手的壓力下完成接控動作；能在即刻決定接球部
位、控球於何處和控球後行動；既能看到場上變化，
又能注意到球。

（1）腳內側接控地滾球（一）

支撐腳腳尖正對來球，膝關節微屈，同側肩正對來
球。接球腿提膝大腿外展，腳尖微翹，腳底基本與地面平
行，腳內側正對來球並前迎。當腳內側面與球接觸的一剎
那迅速後撤，把球接在腳下。

（2）腳內側接控地滾球（二）

若需將球接在側面時，支撐腳腳尖應向同側斜指，腳內側與來球方向成一定角度去觸球，同時支撐腳提踵，以前腳掌為軸做適當轉動，身體隨之移動。當來球力量不大時，只需將腳提到一定的高度，並使腳內側與地面形成銳角輕觸球。也可在觸球時用下切動作使球前進之力部分轉變為旋轉力，而將球接在腳下。

（3）腳內側接控空中球

要根據來球的速度及運行軌跡，及時移動到位，若拋物線較小的平高球，則應根據臨場的實際情況選擇適當高度的接球點，將接球腿抬起，使腳內側部位對準來球的方向並前迎，在接觸球的一瞬間後撤，將球接在所需要的位置上。

2.腳外側接控球

　　腳外側接球在連接傳或射門動作時具有良好效果,尤其適於接球變向,所以應鼓勵隊員使用該部位。接控時腳應內轉,把球擠壓至身體外側。練習初期,對該動作的掌握會有困難,多數是因為對觸球的時機判斷不準。

　　接球點在接球腿一側。支持腿關節微屈。接球腿提起屈膝,腳內翻使小腿與腳背外側面與地面成一銳角,並對著接球後球將運行的方向,腳離地面的高度應略等於球的半徑,然後大腿向接球後球將運行的方向推送,同時身體隨球移動。

接控球主要有兩種方式：

　　● 一種是切壓式，以這種方式接控球時，一般是在接控部位與地面之間擠壓球，如腳底控球。也可以用胸部把球壓向地面，切壓式接控球的特點是觸球的部位要緊張並保持堅硬。

　　● 另一種接控球方式是緩衝式，觸球部位在受到撞擊的瞬間應回收，以此來緩衝來球力量。

　　● 腳、大腿和胸部是接控球運用最頻繁的身體部位。用腳接控時，以隊員的下一動作來選不同的部位。

切壓式　　　　　　心理放鬆是完成接控

球的前提條件。

緩衝式

接控時腳應內轉，把球擠壓至身體外側。

大腿膝、踝關節，腳趾均保持適度的緊張，腳尖微翹，將球接到需要的地方。

3. 腳背接控球

此技術特別適於接控垂直下落球。以正腳背或鞋帶部位提起至球下,當球接近時,腳和腿下撤,觸球瞬間的踝關節要放鬆。

4. 腳底控球

在接控身前的高球和反彈球時常用該部位,使腳底與地面之間形成楔形,腳底控球時要觸球的後上部,使球同時接觸腳底和地面。球一旦停死會有利於防守隊員的逼搶,所以,應注意迅速連接下一動作。該技術熟練後,可在腳觸球的同時回拉球。

腳底控球時觸球的後上部。

5.大腿接控球

一般可以用來接拋物線較大的高空球和略高於膝的低平球。

（1）接拋物線較大的下落球

面對來球方向，根據球的落點迅速移動到位，接球腿大腿抬起，在球與大腿接觸的瞬間大腿下撤將球接到需要的位置上。

（2）接低平球

面對來球方向，根據來球的高度，接球腿大腿微屈，送髖前迎來球，當球與大腿接觸瞬間收撤大腿，使球落在所需要的位置上。

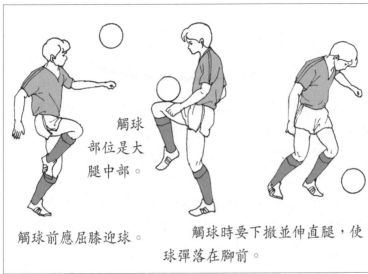

觸球部位是大腿中部。

觸球前應屈膝迎球。　　觸球時要下撤並伸直腿，使球彈落在腳前。

6. 胸部接控球

由於胸部的控球面積大，較有彈性，對球的緩衝作用較好。所以，胸部可更早地完成接控高空球的任務。當球觸胸即刻，胸部應回收以緩衝來球力量，使球落至身前，以便迅速連接下一動作。

（1）挺胸式胸部接控球

　　面對來球站立（兩腳左右或前後開立），兩膝微屈，重心置於支撐面內，上體後仰，下頜微收，兩臂自然張開，接觸球瞬間，兩腳蹬地，膝關節伸直，用胸部輕托球的下部使球微微彈起於胸前上方。

　　對於較高的平直球也可採用這種方法將球接於胸前。但觸球瞬間膝關節由直變屈，腳由提踵狀態變全腳掌落地，整個身體保持接球時姿勢下撤將球接在胸前。

（2）收胸式胸部接控球

較多用於接齊胸高的平直球。面對來球，兩腳開立（左右或前後開立），兩臂自然張開，挺胸迎球，觸球瞬間收胸、收腹，臀部後移將球接在體前。

三、進攻中的傳球與接應

（一）向前傳球

出色的傳球是重要的進攻武器，以下傳球類型是按進攻者優先考慮的順序進行排列的，最致命的武器排位居前。

1.防守後方空間的傳球

可從防守者之間傳地面球或把球搓、吊過防守者,採用哪種傳球要看保護的距離。當然,若隊員發現同伴選位得利,向防守後方的傳球是唯一的選擇。這裏,主要有三條進攻通道。

第一條通道是在中衛與邊衛之間,這兩名隊員時常會平行站位,且兩人之間距離過大。應對防守後方傳球,並傳向斜線跑入該空間的中鋒。

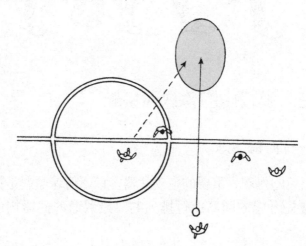

第二條通道仍在中衛與邊衛之間。但這次是從中路對
跑入邊衛身後空間的邊鋒斜傳。

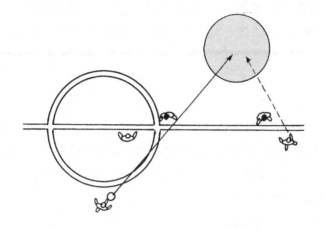

第三條通道在兩種局面下出現：

A. 把球斜傳過中路防守隊員的頭頂，落點在防守隊員
身後，中鋒跑入防守後方空間接球。

B. 以斜長傳越地中路防守隊員頭頂，落點在異側邊衛
的身後空間，由邊鋒插入該空間獲球。

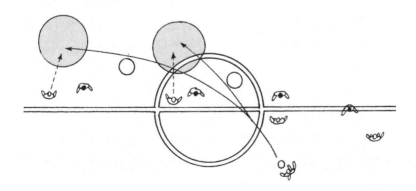

對防守後方的斜傳是最致命的傳球，每一隊員都應對這點有清醒的認識。分析表明，27%的進球來自於向前的長傳球，其中 12%為斜長傳，15%為直傳。

2. 傳腳下

若無法對防守後方前傳，那麼，朝最前方的進攻隊員腳下傳球是最佳選擇。除了對防守後方的傳球外，這種傳球是最具滲透性的，進攻點在大多數的防守隊員身後，這迫使他們轉身回撤。

3. 其他的前傳

若無法對最前面的進攻隊員傳球，那麼，傳球儘可能超越更多的對手，即使僅越過一名防守隊員，也會給對方造成麻煩。因為不僅是突破了這名防守隊員，其他隊員也被迫調整選位。

4. 改變進攻路線

若沒有前傳的空間，進攻隊員應設法改變進攻路線。右側的隊員應觀察左側，反之亦然。當一側的競爭非常激烈時，另一側經常會有空間和正準備插入該空間但未被盯防的進攻者。這時應藉由橫傳迅速改變進攻方向，以保證異側的同伴利用空間實施直接打法。

5. 回傳——最後的選擇

倘若不能改變進攻方向，那只能把球回傳給有時間、空間和視野的接應隊員，透過該隊員來前傳和實施直接打法。

(二)進攻中的接應

防守者會向控球隊員施壓並阻止其前傳,而進攻中的接應就是為了解除壓力,完成被施壓同伴無法做到的事——前傳。

缺乏有效的接應是很難發起連續而有效的進攻的。所以,接應隊員要儘快進入接應位置,這樣被緊盯的同伴就可能在第一次觸球時就做出傳球的選擇。

接應隊員需做出的兩個主要抉擇:尋求相對於控球隊員的正確的接應距離和正確的接應角度。

接應距離取決於所在場區,如位於進攻三區時距離應近些,一般為 5~6 公尺,而在中區和防守三區時,接應距離可增至 10~25 公尺。

接應對員在選位時,應使自己有更開闊的向前視野且易於接球。

前鋒隊員經常背朝對方球門接球，如果他已被緊緊盯住，他可以只是「等球」，即將球傳給未被盯住的隊員，然後他可能跑開或跑向前去接隊友的傳球。

多點進攻

多點進攻更易突破對方的防守，這種進攻能分散對方在場上的防守力量，給進攻隊選擇中路進攻或兩個邊路進攻的機會。

注意進攻隊員如何到位的。

擴大縱深

擴大縱深能增加進攻隊員的活動範圍。如圖所示：進攻隊員站位成三角形，3號防守隊員跑向前參加進攻，他準備進行傳球，接住來球或回到防守位置。

插上進攻

如果側翼進攻隊員由於對方攔截而不能將球傳中，他可以將球傳給隨後插上的隊員，再尋找機會傳中。

突破防守

　　突破對方防線的最佳辦法是帶球從兩個邊路（或稱「兩翼」）進攻。進攻隊員從邊路將球踢往球門區，以便中路隊員射門。

　　如圖所示：邊路進攻隊員將球傳給中路隊員，而對方的防守隊員來不及回防，遠離自己球門而無法阻擋對方射門。

　　如圖所示：帶球至底線附近的隊員，將球踢給中路跟上準備射門的隊員。

角　球

　　踢角球是打破對方防守的大好機會。如圖所示，球踢到近側門柱附近，一名進攻隊員用頭球將球傳給另一遠側門柱附近的隊員，此種角球稱為「內弧線球」。

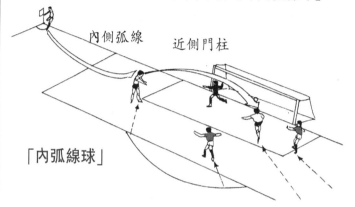

內側弧線　　近側門柱

「內弧線球」

　　球直接踢向遠側門柱附近，此時，一名進攻隊員沿球門做迷惑跑動，吸引防守隊員的注意力，而留給遠側門柱附近的球員更多的空間。這種角球稱為「外弧線球」。

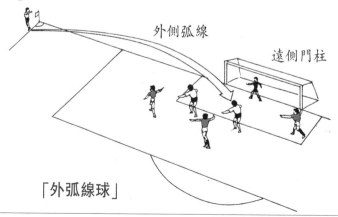

外側弧線

遠側門柱

「外弧線球」

第2章 傳球與接應

任意球

像角球一樣,任意球也有多種踢法。

如圖所示:防守隊員預料對方會一腳射門,而射門隊員卻把球踢向旁邊,在組成人牆的防守隊員未能散開時,對方已頭球將球傳給球門附近站好位置的隊員。

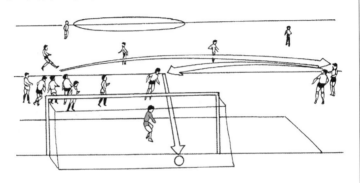

主罰任意球的隊員施展迷惑戰術,一個隊員突然跑動以迷惑對方,而幫助別的隊員尋找機會射門。圖中11號隊員吸引防守隊員的注意力,以便罰球隊員將球傳給準備射門的6號隊員。

第

運球突破

3

一、運球突破技術分析

二、運球突破技術圖解

章

極具吸引力的運球

運球突破是最令人激動的一種進攻打法，它能給觀眾帶來巨大的歡樂。優秀的運球手是一支球隊所擁有的寶貴財富，尤其在瓦解對手的人數優勢時，它起著巨大的作用。優秀球隊通常有3～4名卓越的運球突破能手，但優秀的隊員並非都是優秀的運球能手。

運球和帶球跑是不同的。運球必然涉及到突破對手，需要有出色的控球能力；帶球跑則是在無對手積極逼搶下的向前推進技巧。

帶球跑時，由於沒有即刻的防守壓力，控球隊員能夠抬頭觀察，尤其是高水準隊員，他們都非常注意在帶球跑過程中觀察場上局面的變化。運球具有即興發揮的特徵，運球技巧超群的隊員都具有突出的自我創造精神。

但應懂得，儘管運球有特殊價值，但絕不能盲目過多地運用。在進攻三區時，提倡隊員因情運球突破對手，因為一旦成功將為全隊帶來巨大回報，但在防守三區，運球突破的風險性太大，價值也不高，在這一區域應該保持控球權。

☺ **本章重點**

- 嘗試個人運球突破，躲閃傳球。
- 靈活運用身體掩護下的控制球技術和運球技術。
- 一對一情況下，擺脫對方的動作方法、時機。
- 從接球（運球、過人、假動作）到射門，體會這一系列的動作規律和方法。

一、運球突破技術分析

(一)運球突破的基本模式

1 盤帶球越過對方隊員，要將球牢牢控制在自己腳下，並採取各種策略迷惑對方隊員。比如帶球隊員假裝要從對方的左側進攻，這是「虛晃一招」。

2 防守隊員希望阻止住對方的進攻，便向自己的左側移動。而當帶球隊員發現對手已被自己的假動作所迷惑時，便將身體的重心移向自己的右腳，並把球轉移到左腳。

3 當防守隊員由於球的方向突然改變而失去平衡時，帶球隊員用其左腳外側輕扣，球從防守隊員的右側繞過。此時防守隊員已無法及時再次拼搶。

4 帶球隊員快速離開。注意他的身體在帶球進行時如何完美地保持平衡，將球牢牢控制在腳下並協調帶球動作。同時，帶球隊員還須隨時注意對方球員的位置。

(二)運球突破的原則

運過技巧在比賽中有著大量的運用場合，運用這種技巧將使比賽更加精彩奪目。但運過絕不能嘩眾取寵，盲目濫用。合理地運用技巧要遵循以下原則：

1.有好的射、傳球機會時，不運過，以免貽誤戰機。

2.後場運過價值不大，90%的成功意味著失敗，前場有時需要冒險，25%的成功意味著勝利。

3.運過要有好的傳球或射門機會，否則便無戰術意義。

4.運過中要注意反向傳球和反越位。向一側運球，常會使防守者的移動和戰術行為偏向一側，所以突然反向傳球，常可有效地捕捉防守漏洞。當對手製造越位時，恰當地運用運過技巧，常常是瓦解這一戰術的有效手段。

（三）運球突破的技術類別

運過技術可粗略劃分為三種：

1. 帶球跑

這是快速打法的重要技巧之一。比賽中，當運過突破對手後前方有較大空間時，應不失時機地果斷實施這一技巧。這一技巧的技術要點，一是快速運動中控制球，二是帶球中抬頭觀察周圍情況，以便不失時機地選擇傳球或射門。

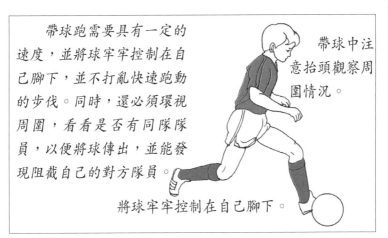

帶球跑需要具有一定的速度，並將球牢牢控制在自己腳下，並不打亂快速跑動的步伐。同時，還必須環視周圍，看看是否有同隊隊員，以便將球傳出，並能發現阻截自己的對方隊員。

帶球中注意抬頭觀察周圍情況。

將球牢牢控制在自己腳下。

2. 護運球

護運球可分為三種：掩護運球、背身運過和交叉運過。這三種技術在分秒緊逼的現代足球比賽場上，都是破對方防守的重要技術。這三種技術共同的特點：一是遠側腳運球；二是目光置於球與防守之間，既能觀察附近情況，又能看到對手動向；三是機靈地運用逼真的假動作突破、傳球、射門或完成與同伴的交接球。

3.直運球

比賽中每一位進攻隊員總是設法正面持球或在接控同時構成正對前方。因此,正面運球技巧運用最為普遍。這一技巧的要點:一是直線運球;二是變向;三是變速。

「內引外撥」突然變向

「假停眞推」變速過人

二、運球突破技術圖解

(一)運球基本技術

常用的運球技術有腳內側、腳背側、腳背正面、腳背內側、腳背外側等。

1. 腳內側運球

在運球前進時支撐腳始終領先於球，位於球的側前方，肩部指向運球方向，支撐腿膝關節微屈，重心放在支撐腳上，另一隻腿提起屈膝，用腳內側推球前進，然後運球腳著地。

由於肩部指向運球方向，身體側轉，因而移動速度較慢。但由於身體前傾有利於將對方與球隔開，因而多用在運球尋找配合傳球時，或有對手阻攔需用身體做掩護時。

2. 腳背外側運球

上體稍前屈，運球腿提起，膝關節稍屈，髖關節前送，提踵腳尖繞矢狀軸向內旋轉，使腳背外側正對運球方向，在運球腳落地前用腳背外側推撥球的後中部。

腳背外側運球跑動可以發揮出較快的速度，而腳腕的動作也可以很快改變腳背外側面所正對的方向。這種方法能用身體將對手與球隔開，故掩護球時也常使用。

(二)運球技術練習

練習 1

一腳支撐，另一腳腳背內側將球撥過來，然後再突然用同一腳的腳背外側將球帶出。

練習 2

　　與上一練習形成相同。當用腳背外側帶出球的時候，假想對手在阻擋，將球挑起，從對手的腳上越過。

練習 3

　　同前，但是，做出用腳背側帶球，突然換為向橫向邁過球的方法，而後用另一隻腳的外側把球帶出。

練習 4

　剪刀形練習。左腳邁過球，用右腳的腳背外側突然
快速帶球跑出。

練習 5

　練習形式同上。但用右腳邁過球，用左腳腳背外側
帶出球。

練習 6

　　雙剪刀形練習。左腳快速靈敏地邁過球，接著右腳再邁過球，然後用左腳腳背外側突然將球帶走。

練習 7

　　圍繞球做剪刀形練習。一腳從球旁繞過，然後另一腳腳背外側將球帶出。

第3章

運球突破

練習 8

做出向右擺脫的樣子，突然用左腳腳背外側將球帶出。

練習 9

用左腳橫向跨過球，接著用右腳的腳背外側將球帶出。

練習 10

　做出把球拉向內側的樣子，突然用同一隻腳腳背外側將球帶出。

練習 11

　左腳佯裝做拉球，突然用右腳將球向外帶出。

第 *3* 章　運球突破

練習 12

　　用左腳內側撥球，做出向右側方向帶出的樣子。可是球移到右腳內側時，突然向相反的方向帶出。

練習 13

　　佯用右腳進行突破，卻把球扣回來，用左腳帶球突破對手。

練習 14

　佯用右腳做出拉球的樣子，卻把右腳放到球的橫側，用左腳的腳背外側把球帶出。

練習 15

　左腳跨過球一大步，護住球，用右腳的腳背外側向外帶出。

（三）實用運突動作

1. 馬修斯技術

A 以右腳內側把球向左側推撥，做出佯攻左側的假象，身體也要向左側傾斜。

B 對手失去重心時，右腳迅速移至球的左後方。

C 以右腳外側迅速把球向右側推撥，向前加速超越對手。

2. 剪式技術

A 撥球於身體的右前側。

B 佯裝用右腳外側推球，實際上從球上跨過，這將使防守者身體重心移至錯誤的腳上。

C 用左腳外側前推撥球並超越對手，伴隨這一動作加速擺脫。

3.兩次觸球技術

A 佯裝用右腳內側向右傳球（如果右邊無接球同伴，不必做這一動作）。

B 用右腳內側把球拉向左側。

C 用左腳內側向前推撥球並超越對手，在這一過程中加速擺脫。

4.馬度納技術

這是阿根廷球星馬度納經常運用的運突技術。

A 當球向你滾來時，先用右腳踩停球。

B 右腳離球並向外側跨一步，使身體繞球轉身。

C 轉身同時以左腳把球拉向身後，再次轉身領球超越對手。

5. 卡雷卡技術

巴西球員卡雷卡是一位天才的運球高手，他曾發明了連續兩次「剪式」晃騙的技術，即做兩次「剪式」晃騙之後，迅速將球朝最初方向帶走。

(四) 運球轉身

每名隊員都應具備帶球轉身的本領，對前衛和前鋒隊員來說尤其重要，因為防守者會千方百計阻止進攻隊員運球轉身，這樣進攻方向就不是面對球門，進攻速度減慢。

為了及時改變進攻方向以攻擊對方防守薄弱處，每名隊員都應設法掌握兩至三種運球轉身技術，這會給全隊的進攻帶來更多有利之處。

1. 腳內側扣球轉身

A 右腳向前伸一大步。

B 腳伸至球前以腳內側把球扣回，轉身時以左腳為軸。

C 轉身後以左腳把球運走並加速擺脫防守隊員。

2. 腳外側扣球轉身

腳外側扣球轉身與腳內側扣球技術相似。

A 右腳向球前伸出。

B 用腳外側把球扣回，以左腳為軸轉身。

C 轉身後右腳運球加速擺脫對手。

3. 踩停轉身

A 用右腳踩停球。

B 轉身180度並用左腳外側快速把球運走。

4.跨步轉身

A 假裝用左腳腳內側傳球。

B 實際上卻抬腳從球上跨過，跨過時腳的動作要低而靠近球。

C 以跨過腳為軸轉身，用右腳腳內側迅速把球帶走以擺脫對手。

5.克魯伊夫轉身

這一技術是以荷蘭 70 年代的世界級球星約翰・克魯伊夫的名字來命名的，他經常運用該技術來擺脫對手的緊密盯防。

A 右腳假裝要踢球，動作幅度要誇大，以使防守者看清楚並對此做出反應。

B 實際卻用右腳內側把球自身後撥至左腳的外側方向，轉身時以左腳為軸。

C 以左腳外側加速把球運走。

6. 雜技般的轉身晃騙

這種雜技般的轉身晃騙動作,藝術性大於實用性。在轉身過程中,以兩腳腳底交替控球。

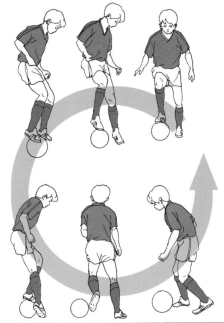

球員應對這些帶球轉身技術進行刻苦認真的練習,達到爐火純青。出色的轉身技術包括以下三個因素:

● 有隱蔽性或讓對手感到出其不意。

● 進攻隊員應置身於球和對手之間,以便更好地護球。

● 突然的帶球變向、變速。

帶球轉身技術至關重要,統計研究已清楚地顯示其對進球的重要意義。每五個進球中就有一個進球是來自於帶球轉身這一關鍵環節。

（五）假動作

任何對手都不可能立刻對逼真的假動作做出反應。關於這一點，只要自己試試馬上就會體會到。

在練習中，首先要儘可能大量地試用各種類型的假動作。在試練過程中，找到最適合自己的假動作模式，能加以自由地使用，繼而做到讓人分辨不清楚真假的程度。非常流暢地、得心應手地使用假動作，是成為優秀隊員的重要一環。

1.惟妙惟肖的假動作

（1）傳球前假踢

傳球前為了使堵住傳球路線的對手閃開空檔，可先向一方做假踢動作，當對手去堵假踢的傳球路線時，突然改變踢球腳法將球從另一方向傳出。

這種方法也可在運球過人時運用。運球者面對防守者的堵截，先用右腳向右方假踢，使對手重心右移去堵截球，但在觸球瞬間突然改變動作將球向自己的左前方傳出，或將球向自己的左前方撥出運球越過對手。此時應特別注意不可過早的變化動作，否則易被對手發覺，而應在觸球的瞬間變化動作。

（2）接球前假接

對手在體側緊逼的情況下，可先向一側做假接球動作，當對手重心發生不適當的偏移時突然改變向另一側接球。

又如，接迎面來球時，對手與自己並肩跑動，可先做向前假踢的動作，使對手去堵截，但在即將觸球瞬間不去觸球，而將球讓過或拉回，接著突然停轉身將球控好。

（3）接球前假頂

接高度在胸或頭部高空來球，對手迎面上來準備在自己接球後立即搶截，接球者可做出假頂的動作，迫使對手減速或停下，然後突然用頭或胸將球接在自己控制範圍。

（4）頂球前假接

面對高空來球，做出胸部接球的假動作，誘使對手逼近準備搶球，等對手逼近時，突然用頭將球傳出，使對手來不及去防守接球的隊員。

（5）運球過人假動作

運球過人時的虛晃假動作：如背對對手控球過人時，對手逼得較緊，可向一側用身體或腿部做虛晃動作（或是身體與腿同時並用），誘使對手發生重心偏移，然後迅速用另一側腳背外側向同側撥球，並轉身越過對手。

　　對迎面跑來搶球的防守者，仍然可以採用左右晃動的方法使對手重心發生不適當的偏移而越過對手。

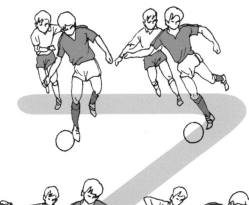

　　對手在側後追搶時，運球者從球上跨過，誘使對手堵搶，然後用同一腳腳背外側將球向另一側扣回（或用另一腳腳背內側將球扣回），甩掉對手。

防守者從正面迎上準備搶球，運球者用一隻腳假做向另一側前方踢球，誘使對手上前堵截，此時變假踢腳為支撐腳，而用另一腳內側將球向另一側推出或從對手胯下將球推過，接著迅速繞過對手運球繼續前進。也可繼續用腳背外側做假踢將球從對手胯下撥過，運球繼續前進。

第
3
章

運球突破

在實施假動作時動作必須逼真，假動作的暴露程度及實施假動作的速度要適當。假動作的實施並非都是一次性，有時為了使對手重心產生不適當的移動，需要做幾個假動作才能奏效。

在實施假動作後應根據對手的反應，迅速的決定自己所採取的對策。當假動作實施成功後，即對手已經上當，重心發生了不適當的偏移時，應迅速實施真動作；當假動作實施後，對手並未上當，重心未發生偏移，則可將實施的假動作當作真動作或是繼續實施假動作。

運球突破技術的四大要素：
● 緊密控球。
● 誘騙和破壞對手的平衡。
● 變向、變速。
● 逼真的假動作。

2. 假動作技術練習

練習 1

　　用右腳內側將球向橫向移動，用左腳內側將球向前踢出。

練習 2

　　以右腳向左方踢球的姿勢為起始動作，而後用右腳的腳背外側將球向右踢出。

練習 3

　　以右腳向右踢球的姿勢為起始動作，而後用右腳的腳背內側將球扣向反向，用左腳腳背內側把球推出。

練習 4

　　以右腳向前踢球的姿勢起動,可使球通過支撐腳後面。

練習 5

　　身體姿勢向右方,以左腳腳背內側邁過球,可是卻用右腳腳背內側把球向左方踢出,然後再從另一隻腳開始。

第3章 運球突破

練習 6

　　向前方踢出右腳，身體也跟到前方，但並沒有使球移動，然後再返回原地。

練習 7

　　以用右腳向右傳球的動作姿勢，使身體邊轉向，邊使球從右腳背內側持球變成左腳背外側持球，將球向左方踢出。

練習 8

　　做右腳踢球的動作姿勢，可是卻用右腳的腳背外側將球向後方滾動。

練習 9

使用腳跟傳球的姿勢，突然向前加速帶球。

練習 10

　　做右腳的內側踢球姿勢，但突然腳在球上面停住，邊轉邊使球從支撐腳後面通過。

突破

齊達內 ZINEDING ZIDANE

他的突破腳法簡潔實用、欺騙性強、
他發動的攻勢是法國隊最美麗的風景。

第

射　門

4

章

培養良好的射門意識

　　絕大多數的年輕隊員，比賽中都熱衷於射門。如果想贏得比賽的勝利，並從比賽中獲得更多的快感，那麼唯有經由更多的射門方可得到。這其中首要的環節就是培養良好的射門意識。

　　射門能直接反映出隊員所具有的創造性和自我判斷能力。透過正確的練習，隊員必須學會判斷哪些情況下自己必須承擔射門得分的責任。射門技術不僅是足球比賽中激烈對抗的焦點，而且也是世界性的技術難點，所以它必然是訓練工作的重點。

☺ **本章重點**

● 學習射門的基本技術，培養良好的射門意識。

● 在理解了射門技術理論的基礎上，反覆練習並體會和掌握射門感覺。

● 提高門前捕捉戰機的能力，把握住每一次射門時機。

● 實戰中提高射門技巧。

一、射門技術分析

(一) 射門區域

通常將射門區域劃為 1、2、3、4 四個區域。據統計，在第 12～14 屆世界盃的 3 屆比賽中，共進球 393 個。其中進球率 1 區占 67.4%，2 區占 22.4%，3 區占 8.7%，4 區占 1.5%。

統計數字表明：從球門區線至罰球弧的大角度地帶是進球的密集區，占總進球數的 89.8%。而從球門區線至點球處的平行線區更為密集，占總進球數的 67.4%。這些區域都是對抗最激烈的區域，若沒有良好的射門技術是無法進門的。

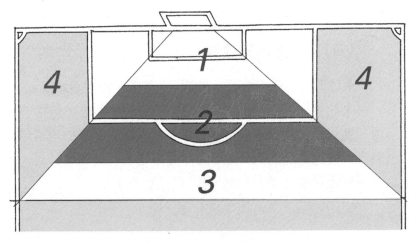

(二)射門腳法

據統計，中路射門以腳背內側和正腳背為主，它們分別占總進球數的 27% 和 24%。近門進球密集區以頭頂、腳背內側和腳弓為主，它們分別為 25.7%、25.3% 和 23.8%。遠射以腳背正面、腳背內側、腳背外側為主。在 3 區的進球中，它們分別為 44.1%、29.4% 和 26.5%。

上述統計數位表明不同區域，各種腳法進球比例是有所不同的。

(三)射門方式

射門方式有直接射、運帶射、停趨射、過人射和直接罰任意球 5 種。據第 12～14 屆世界盃 3 屆比賽統計，共進球 393 個，直接射進佔 71.2%；在 1 區所進的 265 個球中，直接射進門的占 79.3%。所以訓練時，要求在突然擺脫、跟進包抄、搶落點、爭空間的跑動中，以直接射為重點。

(四)來球方向與性質

來球方向可分：正面、側面、前側面、後側面 4 種。

來球性質可分：定位球、地滾球、空中球（包括直線、弧線、拋物線）3 種。比賽中，以前側方來的地滾球為主，占總進球的 46.1%。因前側來球有利於進攻隊員，不利於防守隊員。

(五)射門技術要領

助跑：助跑是為了增強擊球的力度，射門前的助跑一般為 5 公尺左右。踏準步法、步點是射門訓練中極為關鍵的一環，是準確掌握射門技術動作的前提。當助跑到最後三步時，要用擊球腳做一制動步、緩衝身體、移動重心、調整步點、站穩支撐腳，使支撐腳腳尖正對出球方向，以保證擊球一瞬間充分合理的集中力量。

支撐腳：從制動步過渡到支撐腳時，最後一步的步幅稍大，要注意支撐腳的腳尖正對出球方向，身體重心移向支撐腳，支撐腳的膝部要微曲、站穩。

擺腿：踢球腳由後向前擺動時，上身前傾，大腿在身體的垂直線後，小腿折疊角度小於 90 度。擊球時小腿加速擺動，這樣擊球才有力量。

擊球：腳法和擊法的部位要準確，這是掌握射門動作，衡量射門基本功的關鍵。因為不同的來球方向和性質，以及需要擊出球的不同方向和運行的路線，所運用的腳法和擊球的部位是不相同的。

擊球的一瞬間要注意腳尖向下，腳背繃緊，大腿自然擺至垂直，小腿擺幅要大，急速擊球、充分運用腰腹力量。擊球後擊球腳可以立即制動。上體順勢側向轉動，並注意保護，以免受傷。

　　一個隊若要取勝比賽，必須設法破門得分，無論個人行動或是全隊配合的最終目的均是射門得分，贏得比賽。儘管這一事實顯而易見，但射門技巧在足球訓練中常得不到應有的關注。因為我們看到，在各種級別水準的比賽中，射門不中的概率的確很高。

　　造成這一局面的原因之一就是教練員和隊員對射門的態度。使隊員具有強烈的射門欲望是必須做到的，不能只注意到因技巧欠缺而未能得分的隊員，更應批評的是那些處於射門位置卻把球傳出的隊員，因為他傳出的不是球，而是責任。

　　此外，不能僅滿足於創造射門機會，而對未能把握射門機會的事實視而不見。看到這一事實有助於我們分析其實質，所以，態度是訓練中應該解決的首要問題，態度的改進將會給隊員的表現帶來最快速、最明顯的改變。

　　有些隊員僅在面對守門員一人的情況下才起腳射門，這種態度不可取，這將使全隊失去該有的得分機會。每一進攻隊員應在射程之內的任一位置積極捕捉破門機會。

　　射門時要注意維持身體平衡，正確的助跑會有助於實現這一目標。無論球來自正面、側面，還是地面或空中，保證準確射門的重要因素就是射門隊員應迅速對此做出反應，並調整好身體位置。

二、射門技術圖解

(一)射地面球

在講射地面球的要領之前，我們應先記住這樣一個事實，射地面球給守門員帶來的救球難度遠比空中球要大得多，尤其是遠離守門員身體的地面球。道理很簡單，因為撲救這種球守門員必須移動整個身體，而若是空中球，也許守門員有時只需伸展單臂就可化險為夷。

用腳面踢出的低而有力的勁射球，是破門得分的最佳方式，儘管有的隊員可以踢出速度超過 112 公里／小時的球，然而準確性則比力量更為重要。

擊球前

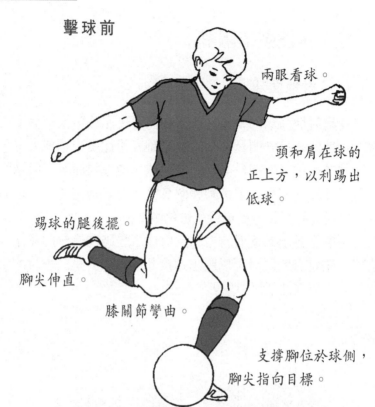

兩眼看球。

頭和肩在球的
正上方,以利踢出
低球。

踢球的腿後擺。

腳尖伸直。

膝關節彎曲。

支撐腳位於球側,
腳尖指向目標。

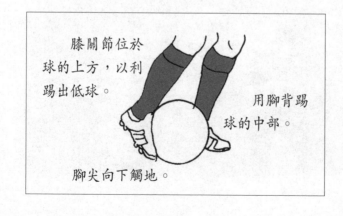

膝關節位於
球的上方,以利
踢出低球。

用腳背踢
球的中部。

腳尖向下觸地。

頭仍然向下。

腳尖仍然向前。

踢球腳伸直將球
送出，以加大力量。

擊球後

射弧線球和遠距離勁射：

　　●守門員通常會盡力去接穩每一個射向球門的球；相反，射門者則不希望守門員輕而易舉地便可撲接球。而射弧線球和勁射往往會加大守門員撲接救球的難度，增加同伴跟進補射得分的機會，特別是朝球門遠柱勁射或射弧線球更是如此。

　　●比賽中要想增加射門次數，最理想的方法就是培養隊員在罰球區外射門的欲望。當隊員在距球門30公尺內控球時，他可做出四種選擇：傳球、運球、運球突破和射門，其中射門無疑是最佳的選擇。

弧線球

呈弧線前進並旋轉的球守門員很難防守。

提倡遠距離勁射的重要原因：

●這種射門可直接得分。因為射門時，守門員對球的視線多被他身前的攻防隊員遮擋住。

●偏向守門員立足點的反方向一側，勁射球有可能碰到隊員身體而反彈變向入網，從而守門員身體失去了平衡。

●儘管守門員努力接救球，卻會因來球力量太大而接不穩球，造成角球，創造再次射門的機會。

●射門即使被防守者擋住，也會造成重新補射的機會。

（二）射空中球

射空中球時對踢球時機的把握非常關鍵，其對任何水準的球員都會有一定難度。若是射門時的時間和空間允許，隊員多半會先控球後再完成射門動作。

1. 正面凌空射門

　　由於是正面射門，助跑肯定是從球的後面，支撐腳隨著球下落並置於球的後方，這會保證踢球腿有足夠的擺動空間。支撐腳可以前腳掌著地，以使踢球腿的膝部儘可能在球的上方時以腳擊球。

　　觸球時踝部應緊張，腳尖下指，擊球作用力通過球的中上部，否則球會射高。為加大擊球力量並確保低部，可等球下落至接近地面時擊球，若防守隊員就在附近，射門隊員就得在球處於腰部高度時起腳攻門。

　　射門後踢球腿應繼續朝球門方向擺動，頭在整個射門過程中都要保持穩定，眼睛應看著球。

身體向後輕仰　　　　　　頭部前傾

腿伸直將球踢出

　　球員將身體向後輕仰以便從高處將球射向球門頂部一角，此時他必須將頭部前傾，以防止將球踢得過高而飛出球門。

　　球從球門頂部兩角踢進，守門員是最難撲救的，但球員必須大量練習才能做到準確射門。

2. 側面凌空射門

側面凌空射門可能是射門技巧中最難的一種，也是最精彩的一種。保持身體平衡是很重要的。

身體位於球一側，遠離球的一側肩部下傾，從而保證踢球腿的側向橫擺和擊球的中上部，支撐腳的腳尖要指向球門，射門時身體以支撐腳為軸轉動。

擊球時踝部要緊張，以腳背擊球的上半部，擊球後，踢球腿順勢向出球方向擺動在支撐腳一側。

第
4
章
射
門

雙臂張開保持平衡。　　　　　兩眼看球。

頭部、肩部位於球的上方，膝關節儘量抬高，以便阻止球向上。

腳尖朝下，以便低球射門。

直接射門技術，也就是接到來球後不控制球而直接一腳射門。這是對方防守嚴密時的基本射門技術。注意那些頂尖球員們怎樣利用他們的腳的不同部位在球還處於半空中時（即凌空）或球剛落地時（即半凌空）一腳射門。

(三)頭球射門

　　大約每5個進球中就有一個是來自於頂射。可見，擁有準確、有力的頂射技術的隊員，是每一個球隊的巨大財富。

　　頭球進攻要求準確。如果球來自側面，球員須用頸部肌肉帶動頭部迎向正確的方向，他必須注意總是用前額去擊球，要注意準確性並避免受傷。

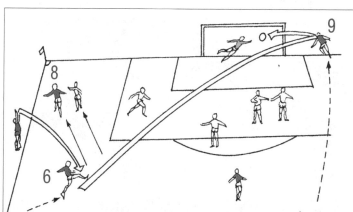

　　這是典型的稱為「遠距離頭球進攻」方式，防守隊員均收縮在自己的後場，8號隊員採取佯攻動作以迷惑對方，而此9號隊員卻穿插到了對方未加防範的一側，快速攻門。

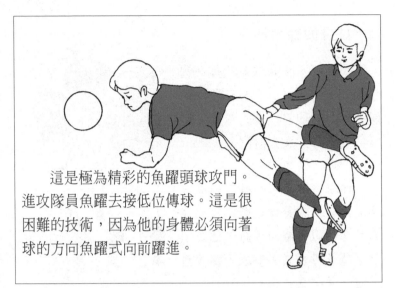

這是極為精彩的魚躍頭球攻門。
進攻隊員魚躍去接低位傳球。這是很
困難的技術，因為他的身體必須向著
球的方向魚躍式向前躍進。

魚躍擊球

　　魚躍擊球的力量最大，特別是衝跑中完成這一動作
時，整個身體的重量和衝量前投並轉移到球上。

　　一些最精彩的進球來自於魚躍頂射，防守者通常無力
阻擋。這種頂射也常是觸擊球的惟一手段，躍頂者被喻為
從「半個機會」中搶射得分。

（四）倒掛金鉤

這是一種極為特別的技術，它有時被防守隊員用來清除威脅己方的球，但更多的是被進攻隊員用來在自己背朝球門時射門。如果隊員踢倒鉤球時離其他隊員很近，則裁判員可以認為是危險動作。

擺動腿從髖部向上甩動

眼睛盯著球

身體向後彎曲

腳尖伸出

用腳面擊球

雙臂向下伸，手指張開撐地，使身體摔在地面上時得到緩衝

擺動腿準備抬起

踢球腿向上猛然擺動，而擺動腿向下擺動，雙腿像剪刀交叉運動一樣。

第
4
章

射
門

(五)單刀赴會

進攻隊員在突破了最後一名防守隊員或是在其身後接球時，他只面對守門員一人。他必須決定是即刻射門還是突破守門員。機會的把握顯得非常容易，但不等於破門得分，儘管每個人都為這一局面興奮不已。隊員此刻的態度至為重要，應忘卻一切，只保持清醒的頭腦。這一時刻，也是區分一般隊員與優秀隊員的時刻。

1. 觀　察

控球隊員應抬頭觀察守門員的位置、移動速度和角度，從而確定其側方、前方和後方的可利用空間。若守門員未出擊，進攻隊員不用即刻發起挑戰，若對手出擊，進攻隊員應迅速做好決策。

2. 決　策

明確守門員的行動之後，進攻隊員必須進行選擇：即刻射門或是突破守門員。進攻隊員要隱蔽自己的真實意圖，使守門員出現判斷錯誤。離球門較近，可以腳內側推傳入門，這時重要的

點球
皮埃羅 DEL PIERO

義大利隊 10 號

他的點球習鑽凶狠，百發百中，義大利隊的點球被施了咒語，只有他能解開

是準確入門而不是力量；若身後有足夠的可利用空間，吊射也許更為合理；如果要突破守門員，應與其保持一定距離，借助射門或運球假動作誘騙其失去重心後，以便有機會獲得成功。

3. 行動的實施

　　一對一射門的最終目是射門得分，因此，注意力應關注於動作的實施，應充滿自信，不要因對選擇有質疑而改變主意。

　　●射門訓練需要花費大量的時間，不能把忽視、回避射門練習的原因歸結於許多隊員、器械和訓練等客觀因素，而應思考一下自己在主觀上是否認識到了射門練習的重要程度。

　　●對於高水準隊員，可以安排包含射門局面的位置職能練習或是在進攻三區內的比賽某一階段的訓練。對於初學射門技巧的隊員來講，重點應放在正確的觸球方面。應首先從靜態球開始。基本要領掌握之後再過渡至符合比賽情況的活動球練習。

三、射門戰術

(一)射低球

射地滾球給守門員救球，造成的難度要遠大於射空中球。

守門員救 Y 點的球必須移動整個身體，而救 X 點的球只需伸展單臂就行了。所以，守門員向 X 點比向下 Y 點移動救球更迅捷。守門員對空中球的判斷較容易，空中球除非在空中被其他隊員所觸及，其運行路線都較平穩完整。射地滾球則不然，除了會隨時改變方向外，還可能會被滯留、顛簸和打滑，從而增加守門員撲救球的難度。年輕的球員或許更欣賞掛球網上角射進球，但實際比賽中射低球才更易破門得分。

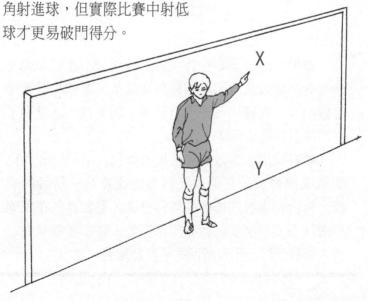

(二) 射遠門柱

守門員的站位取決於射門的地點，其原則是以易封角度、易撲救球位置為最佳。守門員救射向近門柱的球比救射向遠門柱的球更容易，即使接不穩球，也可將球擊向端線或擊落在球門線以外的球門區內。

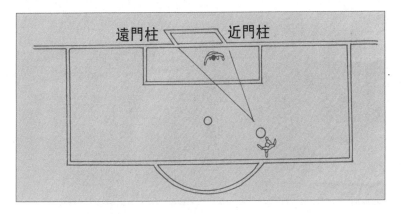

將球射向遠離守門員身體的球門區域，對守門員封角度、撲救接球難度加大。向遠門柱射門得分率要大於向近球門柱射門得分率，兩種射門得分比例為4：1，因此，向遠球門柱射低球很重要，在平時訓練中，必須花時間刻苦練習。

守門員救射向遠門柱球的失誤率要高於救射向近門柱的球。這也就是為什麼要反覆強調將球射向球門遠柱的原因所在。

當球的落點在遠門柱附近時，便增加了進球得分的機會，得分率遠遠高於其他區域，因此，此區域又被稱之為「最佳得分區域」。

(三)主要得分區

分析表明，22.4%的進球是在遠球門柱前的區域射進的，我們將其稱為「主要得分區」。

「主要得分區」是遠球門柱前大約寬 3 公尺、長 8～9公尺的較窄區域。

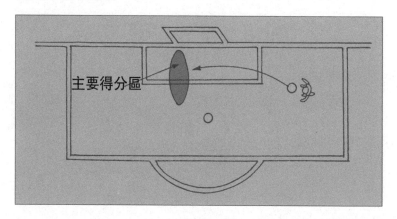

在每一次進攻中，應當確保有一名進攻者跑入並埋伏在該區域內，進攻戰術的許多傳球落點都會反彈入該區域。由於朝遠球門柱射門次數的增加，反彈到該區域的球隨之也會增多。尤其是角球、任意球、擲界外球戰術中，更必須有隊員埋伏在該區域內。

無論是空中球，還是地滾球，落點在該區域的球多數是無防守者，而且守門員的站位通常也是靠近門柱。

進攻者有時為了有目的地進入主要得分區，常會先往中間跑動。下圖中 A2 便是如此，他面向 A1 在可以看到球和對手的情況下後退跑進該區域。特別是要注意的是，在不越位的情況下，位置應儘量朝前靠。

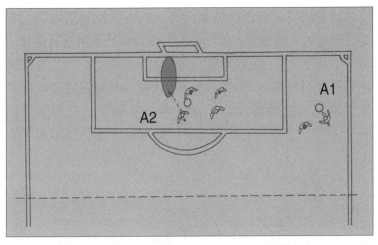

當球從一側傳中，另一側隊員包抄進入該區域時，應當做到球到人到。下圖中 A1 將球傳向防守者身後，D2 被吸引到了球門前防守。A2 進入該區域時必須做到球到人到，如果行動太早必將引起 D2 的注意和緊逼。

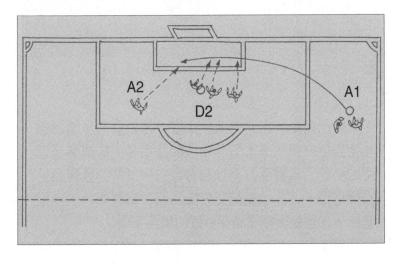

當進攻者在罰球區外射門時，同隊隊員應及時插向主要得分區，以捕獲到射中門柱反彈或彈偏的重新補射機會。

下圖中，A1 在罰球區外朝球門遠柱射門，A2 則快速插到主要得分區，等待守門員救球脫手的重新補射機會。比賽中出現這類情況時，進攻者多數都是向球門中央跑去，這是不正確的，特別是射門角度較小的情況下更不應如此。

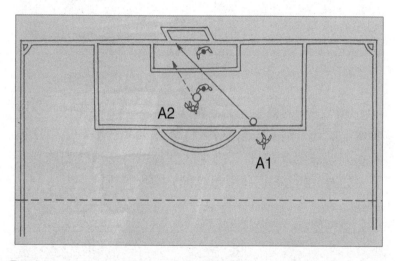

勇　氣

射門需要一定的勇氣。比賽中運動員的身體接觸和衝撞並非具有很大的危險，即使這樣，隊員還是有懼怕心理。事實上沒有什麼救世主可以幫助隊員克服畏懼心理，而採用有防守對抗的符合實戰要求的練習方法，才是克服這種恐懼心理的最佳手段之一。

第

搶截球

5

章

必須爭奪控球權

　　成功的防守不僅可以瓦解對方的進攻，也是本方進攻的開始，所以，防守是進攻的前奏，防守技術與進攻技術同等重要。

　　足球比賽就是為了破門得分奪取勝利，而這首先要把握控球權，當一支球隊失去控球權時，該隊的每一名隊員都應即刻進入防守角色，其目標就是儘快奪回控球權，再次向對方球門發起攻擊。為搶到球，每名隊員都應具備出色的搶截球技術。儘管每次搶截球不一定能得到球，但隊員只要搶，就會佔據恰當的位置，或封堵球路或限制對手的自由行動，從而為同伴和全隊的防守成功創造條件。

　　積極的、有效的防守動作和配合，是造成足球比賽攻防轉換迅速的主要因素，一場足球比賽即是控球權和反控球權之間的爭奪。

😄本章重點

● 學習搶截球、鏟球、阻擋射門等各種防守技術。

● 認真體會和掌握搶截球的時機和各種技術的靈活運用。

● 掌握比賽中的攻防原則，靈活頑強地進行防守。

● 學習人盯人戰術和區域防守配合，正確掌握比賽的節奏和規律。

一、搶截球技術分析

本章所論述的搶球技術，是指防守隊員對持球的進攻隊員所運用的一系列防守技巧。一般說來，**搶球技術可以分為斷、堵、搶、鏟、爭頂五大類**。每類具有不同的技巧特徵，適合運用於不同的場合，這些防守技術構成全隊防守的基礎。對攻方持球隊員時間、空間和行為的嚴格控制，能有效地扼制攻方的進攻行動，爭得全隊防守的成功。

比賽中運用搶球技術有兩個目的：奪回對方的控球權，或者是暫時破壞對方的控球權，待時機成熟時再奪回控球權。這兩個目的是全隊防守共同努力目標，為此，每個隊員在本方進攻失敗後（即丟失控球權後），應迅速、積極地轉入防守，這是現代足球比賽的基本原則之一。

無論是搶、堵、斷、鏟、爭頂等任何一種搶球技巧，在具體的運用中都會不同程度地涉及到「接近」、「角度」和「距離」這三個要素。

(一)接　近

是指防守隊員跑向持球隊員的一段距離。「接近」的速度要儘可能地快，但快中又要稍有控制，留有餘地。

1. 如果斷截傳球十分有把握，則必須十分果斷而快速。

2. 如果當對手背身接球時，也應全速逼上，緊逼對手，以限制對手轉身。

3. 如果對手已經拿好球，或防守隊員欲上前緊逼時，進攻隊員有可能將球控制好。這時，開始「接近」的速度儘可能快，但最後幾步必須稍加控制，放慢一點。以便進攻隊員在最後一瞬間，突然帶球快速擺脫時，能夠及時隨之變換方向，爭取有效的防範措施。

(二)角　度

是指以球和守方球門中點連接的直線為基準的迎上盯搶的方向（角度）。一般來說，「接近」的角度同球與本方球門中點連接是一致的。但要分清以下幾種情況：

1. 如果能夠很有把握斷截傳給所盯進攻隊員的來球，則應準確無誤地選好切入傳球路線的斷球點。

2. 如果在對手接控球的一瞬間，能夠迎上去緊逼持球者，當然逼上的角度應正對持球者，並儘可能阻止對手拿球轉身。

3. 接近對手的角度應力爭做到：儘快站在「線」上，儘快貼近持球隊員。

（1）如果隨便跑入線上，持球隊員將有可能獲得時間射門、傳球或運球。

（2）如果不考慮儘快插入「連接線」上，而是直奔持球隊員，同樣有可能給對手造成射門、傳球或運球的機會。

（3）如果能兼顧上面提及的兩個因素，以一定的弧度跑入「線」上，將有利於防守與搶球。

(三) 距　　離

防守隊員與持球進攻隊員之間的距離，取決於是阻止射門、傳球還是運球。

1. 如果是封堵射門和傳球，其距離應比防堵運球更貼近對手。

2. 從兼顧各種情況而言，最好與對手保持約 1.5 公尺的距離，這樣既可封阻對手向前的活動，又可限制他的活動空間，達到緊逼盯人的目的。

搶截球技術運用的先後順序：

第一選擇是斷截球；第二選擇是盯堵，限制持球隊員轉身；第三選擇是搶奪球；第四選擇是正面阻緩；第五選擇是採用鏟球技術。

二、搶截球技術圖解

當對方得到球時，一個球隊的主要任務是重新將球得到，或者至少要保護自己的球門不被對方攻破。

後衛隊員及自由中衛的主要任務是防守，但是，正如每個隊員都可以參加進攻一樣，每個隊員也必須做好準備防守，靈活運用各種搶截球技巧。

一個好的球隊組織好防守是最為重要的，細微的疏忽都會導致球門被對方攻破。

正面阻截

防守隊員面向對手，將腳的裏側對準球的中部，用力將球「堵住」。彎屈雙膝，以便平衡身體，聚集力量，然後一腳支撐地面，另一腳用全力將球向前推，突破對方的阻擋。

阻截隊員

側面阻截

　　阻截隊員像
正面阻截那樣迎
著對方的腳下將
球截住。因為他
是從一個角度進
行阻截的，他不
能將身體位於球
的後面，因而他
的阻截腿必須承
受對方的衝力。

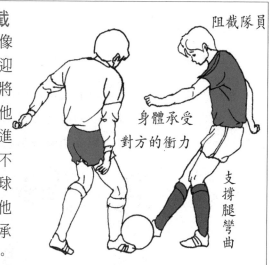

阻截隊員

身體承受
對方的衝力

支撐腿彎曲

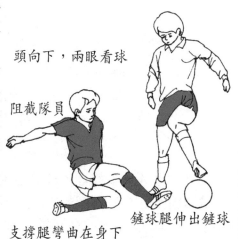

鏟　球

　　鏟球常用在危
急時刻，其目的並
不是為了得到球，
而是將球鏟離對方
隊員腳下。鏟球隊
員從側面逼近，在
靠近對手處將腳鏟
出，在身體倒地
時，用力將球踢離
對方腳下。鏟球在
濕的場地上最易奏
效。

頭向下，兩眼看球

阻截隊員

鏟球腿伸出鏟球

支撐腿彎曲在身下

163

第5章　搶截球

（一）正面搶球

正面搶球技術是比賽中運用最為頻繁的搶球技術。

為增大搶球面積，應用腳內側阻搶。

支撐腳立於球的一側，雙膝微屈以降低重心和維持身體平衡，並會有利於更有力地搶球和緩衝搶球時的衝擊力。

阻截隊員

應在對手運球腳觸球後即將著地或剛著地時實施搶截，搶球動作用力要通過球的中心，觸球時上體應前傾且腿部用力。若球夾在雙方的兩腳之間，可順勢把球提拉過對方的腳面，或是把球撥向一側，再就是讓對手用力推球，而防守隊員隨機轉身並貼向對手。

（二）側面搶球

側面搶球技術是與運球對手並肩跑動或從後面追平對手時採用的搶球辦法。

在準備搶球前應儘可能地靠近球，並設法使支撐腳立於球的前方，然後以支撐腳為軸轉動身體，用搶球腳的腳內側封阻球。還可以利用合理衝撞的辦法實施側面搶球行動，在對手失去平衡時乘機奪球。

側面搶球的時機把握非常重要，因為控球隊員在跑動之中，若離其太遠時搶球，重心不穩定且搶球力量不大，甚至還容易造成犯規。

阻截隊員

阻截隊員

掌握阻截時機

準確地掌握好阻截時機是成敗的關鍵。如圖所示：防守隊員阻截過早，被進攻隊員將球輕彈，從他伸出的腿上飛過。

防守的安全性

在己方球門受到威脅時，防守隊員應立即將球從危險地區清除出去。表面上看起來，如果一個球員將球傳給己方守門員（請記住：對於這種傳球，守門員是不可以用手接球的），或者將球踢出球門線，是很消極的，但這比在強大壓力下試圖帶球或傳球到前場安全得多。這時，如果看到己方守門員已摔倒在地，防守隊員應將球踢出底線。被罰角球總比被對方踢入一球要好得多。

防守時的一條總的原則是：根據實際情況隨機應變。

(三) 鏟　球

鏟球技術運用最多的情況是在對手已突破防線，防守隊員又無法回到正面搶球位置時。最關鍵的因素是適時倒地，隨便倒地會延誤下一行動，並使本方即刻失去一名有用的隊員。因此，應首先儘可能接近控球隊員，重心置於支撐腳上，看準時機搶球腿下滑，以腳底、腳背或腳內側把球鏟掉。

1. 正面鏟球

這種技術多用於對手控球離身體較遠時。

移動接近控球者，膝關節微屈，重心下降，當控球者觸球腳觸球後尚未落地時，搶球者雙腿沿地面向球滑鏟，隨即用手扶地做向一側的翻滾，並儘快起身；另一種是單腳蹬地後，另一腳向前滑出，蹬地腳迅速繞髖關節擺動沿地面將球掃踢出去。

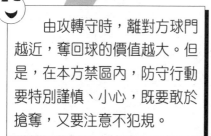

由攻轉守時，離對方球門越近，奪回球的價值越大。但是，在本方禁區內，防守行動要特別謹慎、小心，既要敢於搶奪，又要注意不犯規。

阻截隊員

2.側面鏟球

當雙方都不能用正常的動作觸球時（指跑動中），防守者應根據與球的距離，同側腳用力蹬地使身體躍出，異側腳向前沿地面對著球滑出，腿底將球鏟出，然後小腿外側、大腿外側、手依次著地。或鏟出球後身體向鏟球腿一側翻轉，手撐地後立即起身，使身體恢復到與下一動作銜接的狀態和位置。

側面鏟球動作同樣適用於側後鏟球。

阻截隊員

如果一個防守隊員遇到了困難（例如鏟球失敗，如圖所示），其隊友在沒有防守區域或沒有特定盯人對象的情況下，應迅速跑動補位進行支援。

身體接觸

　　足球比賽中唯一一種被允許的故意身體接觸是肩部碰撞。右圖中，5 號隊員並未採取以肘推擠 9 號隊員的犯規動作，他只是手臂的上半部抵住對手的上臂，肘部十分安全地夾緊，而且球在其可接觸範圍內。

　　有時你會看到，為了進球或阻止對方進球，某些防守隊員會故意犯規，但這只能導致己方受罰和傷害事故。

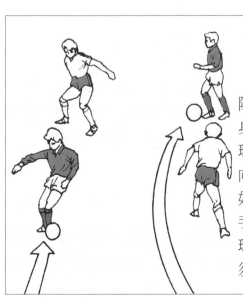

站　位

　　如果可能，防守隊員會儘量站在對手身後。如果對手得球，防守隊員就可以向前移動搶位截球。如果防守隊員站在對手前面，一旦他未得球，再爭搶時，就必須先轉體。

攔截對手

　　3 號隊員正在攔截對手，以使其他防守隊員有時間進行組織和調整。防守隊員與對手正面相對，距離 1 公尺放慢速度，準備在失球的情況下進行爭搶。

阻截隊員

阻截隊員

截擊防守

　　難以控制球時，防守隊員通常將球在空中挑起。在防守中打空中球總比在地面拼搶要有把握。

（四）斷　球

　　斷球是搶球技巧中最積極、最主動的方法，但也是難度最大的搶球手段。它要求防守隊員具備豐富的經驗、敏銳的觀察和預判能力。

斷球的順序：

（1）預測傳球：根據比賽時的情況（攻、防隊員接應、跑位、站位、盯人，特別是所盯進攻隊員與持球隊員相互間的具體條件），預測將要傳球的路線、方向、落點等，以判斷有無斷球的可能，並選擇最佳的位置。對持球進攻隊員的傳球意圖能否準確判斷，是斷球成功的決定性因素。

（2）判斷傳球的時機和球速，以決定出擊的時機。

（3）選擇斷球點：決定在什麼地方斷截球，最佳的選擇是既有較充分的起動出擊時間，又早於接球者搶先一步斷截球。

（4）選擇斷球時的觸球部位，如腳內側、外側、腳尖、大腿、胸腹、頭等。用頭斷球時不能達到斷後控球和傳球的目的，則要求將球頂得越高、越遠，遠離本方球門為妥。

（5）在出擊斷球的一瞬間，還必須決定是將球破壞掉，還是將球控制在自己腳下，或將球斷傳給同隊隊員。

傳球斷球

防守隊員判斷對方傳球的速度，確信他能在到達10號隊員時將球阻截，因而他沿最短路線快速穿插到球前進的路線上。攔截對方控制的地滾球的最佳方法是使用腳的內側斷球。

干　擾

防守隊員無法斷掉這個球，但他可以在對手後面追擊，並伸腿破壞對方的帶球。即使他不能成功，他也干擾了進攻隊員，讓其無法準確地傳球。

第*5*章　搶截球

爭　搶

當對方帶球前進時，阻截是允許的。當進攻球員準備接一個來球時，防守隊員應努力不讓其有時間得到來球。如圖所示：當球接近時，防守隊員已插到近旁，即使他不能阻截並得到此球，他的爭搶也將延誤對手的時間，阻止其自由運動。

（五）頭球解圍

背部前衝增加頭球力量

在防守時運用頭球，其距離經常比準確性更重要，因為球員的目的是要將球頂出，使球遠離自己的球門，並在可能時將球傳給自己的隊員，此處是一個大力頭球的例子。

勁部肌肉保持緊張

兩眼看球

用前額中部頂球，在頂球瞬間兩眼睜開

雙臂揮動以便跳起和掌握起跳時機

背部微向後仰

雙腳跳起自然向後

腳離地以便起跳

頭球解圍時，同伴間的相互提醒和默契配合是非常重要的。如圖，5號隊員按兵不動，3號隊員則迅速插到攻球隊員前面頭球斷球，此時可簡短呼喚「我的」等，提醒別的隊員不要去拚搶同一個球。

提高您的頭球技術

站在另一隊友前大約2公尺處，和隊友用頭球來回傳球，數一數，你能傳多少個頭球而不落地。如果你沒用頭球接住，則改用踢空中球。

您也可以自己練習頭球，方法是將球扔向牆壁，用頭球去接反彈回來的球。並在整個練習過程中始終保持雙眼睜開。

第 守門員 章

6

在一支球隊中，守門員的位置是最特殊的，也是最為重要的。封堵對方射門是守門員最主要的和關鍵的任務。如果守門員的防守能力很強，就會為全隊的後防線建立起一道堅實的壁壘，使同伴在比賽中充滿自信，沒有後顧之憂。如果守門員的能力平平，每每出現失誤，同伴都會在比賽中顧慮重重，很有可能由於守門員的原因而失去取勝的機會。

許多射門得分機會都是由傳中球或定位球創造的，這種情況作為最後一名防守者來說，守門員是失職的。所以，任何戰術的組合必須考慮守門員的參與，在防守訓練中更是如此，而不要依靠單純、靜止、原地射門的方式來訓練守門員。

儘管這些情況可被反覆練習，但在比賽中守門員經常不得不立刻做出決策，這必然取決於其反應、位置和技術。守門員首先需要的是正確的技術。

☺ 本章重點

● 學習守門員位置技術。
● 掌握不同情況下技術的靈活運用。
● 提高洞察全局的能力，與全隊默契配合。
● 守門員必須能夠策劃進攻。

一、守門員技術分析

守門員可以說是足球隊中最重要的一名成員，他承擔著使球不落入球門的最主要的責任，同時他也是在比賽中最令人激動的球員之一。

在本章你會看到，必須培養守門員與其他隊員不同的、更特殊的技巧。即使球在球場的另一邊，他也必須保持極其迅速的反應和精神的高度集中。如果一個守門員對全場有良好的綜合能力，他還可以幫助全隊調整進攻方向。

能力是運動員順利完成技戰術運作的心理特徵的綜合。

任何單獨的能力都不能成功地完成某種活動。同樣，守門員若僅有良好的技術能力，其他能力均欠缺，在比賽中就會發生反應遲鈍，動作緩慢，不能正確選位去控制罰球區內的空間等，必然不能成功地守住球門。

守門員補救動作的 5 個過程：

認知 ➡ 預測 ➡ 判斷 ➡ 移動 ➡ 撲救

第*6*章 守門員

守門員能力結構

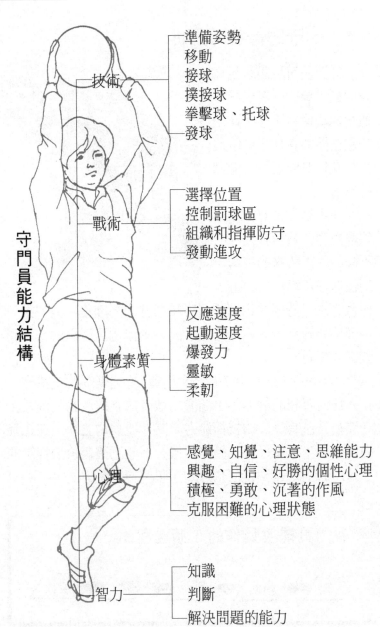

技術 ── 準備姿勢
移動
接球
撲接球
拳擊球、托球
發球

戰術 ── 選擇位置
控制罰球區
組織和指揮防守
發動進攻

身體素質 ── 反應速度
起動速度
爆發力
靈敏
柔韌

心理 ── 感覺、知覺、注意、思維能力
興趣、自信、好勝的個性心理
積極、勇敢、沉著的作風
克服困難的心理狀態

智力 ── 知識
判斷
解決問題的能力

二、守門員技術圖解

　　守門員的技術包括準備姿勢、選位、接球、撲接球、拳擊球、托球和發球等。

(一)準備姿勢

　　守門員準備姿勢是很重要的。應雙腳分開與肩同寬，身體重心落在前腳掌上，雙手置於身體的腰部兩側，掌心相對，頭部應穩定並稍向前傾，這將有助於身體重心置於前腳掌上。這種姿勢有助於保證身體向任何方向快速移動時的平衡。

側面圖

(二)選　位

佔據有利位置是守門員擴大防守範圍，增強防守能力的重要條件之一。

一般來說，守門員的基本站位是位於球門繞中點與球的連接線上。

當球在中場附近時，為防止對方突然地高吊球，站位應瞻前顧後，既防止對方吊球入門，也做到隨時向外出擊，甚至衝出罰球區去踢球。

當球逼近罰球區，應前移幾步封堵角度；當球在對方半場活動時，可適當前移到罰球點附近，以便隨時出擊。

當球在本方半場一側邊線或角球區附近時，應站於靠近遠端門柱。

當球在近端底線時，應站於近端門柱；當對方罰任意球時，守門員應站於「人牆」後的球門遠角。

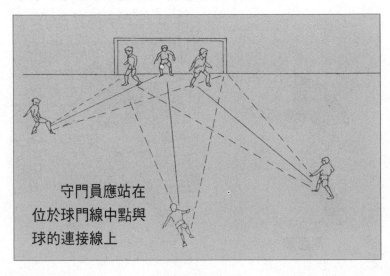

守門員應站在
位於球門線中點與
球的連接線上

縮小角度

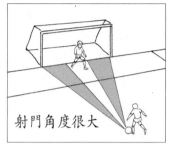

射門角度很大

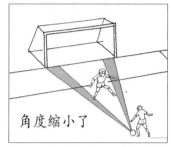

角度縮小了

　　當一個進攻隊員單人帶球越過防線時，守門員不應站在球門線上。如果他站在球門線上，就會給對手留下較大射門面積和良好的得分機會。

　　如果他離開球門線衝向進攻隊員，就減小了射門範圍，縮小了進攻隊員射門的「角度」。時間的掌握是十分關鍵的，如果守門員出擊過早，就會給對手以帶球過人的機會。

　　對進攻者而言，如果守門員站在球門線上，球門看起來很大。

　　如果守門員前移，球門看上去也相應地縮小了。

任意球站位

在球和近端門柱連成的直線位置上，佈置「人牆」（直接阻擋攻擊路線），注意將高個隊員排列成「牆」，其人數如圖所示，根據球距球門的距離和角度而調整變化，正面時排列 4～7 人，側面 2～4 人。

守門員向人牆發出指示

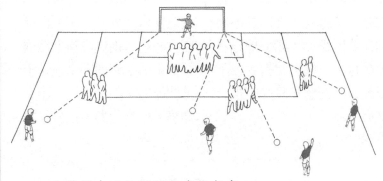

人牆排在近端門柱和球連成直線的位置上，封鎖射門角度。

以上站位並非絕對固定，也不單純限於防守或攻擊、要求攻防相互對應，靈活多變。

角球站位

向前移動比後移容易得多，所以你可以看到在罰角球時守門員站在距球最遠的門柱處。開球後，他可迅速前移，而一名防守隊員負責防守他背後的場地。請注意圖中，為支援其守門員，防守隊是如何組成長方形陣形的。

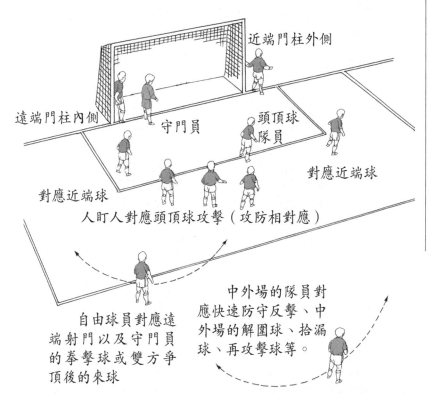

近端門柱外側

遠端門柱內側

守門員　　頭頂球隊員

對應近端球

對應近端球

人盯人對應頭頂球攻擊（攻防相對應）

自由球員對應遠端射門以及守門員的拳擊球或雙方爭頂後的來球

中外場的隊員對應快速防守反擊、中外場的解圍球、拾漏球、再攻擊球等。

防守方牢固控制近、遠端門柱和球門前的三個射門目標點。針對對方主要頭球射手，要實施重點人盯人防守和密集防守。積極爭搶第一落點。像這種控制落點的防守方法僅是一般性的，現代的防守是向緊逼盯人防守趨勢發展。

（三）接　球

接球是守門員技術中最基本和最主要的技術。它包括接地滾球、平直球和高空球。

1. 接地滾球

接地滾球時，守門員必須時刻注意球突然的彈跳。他可以彎腰，將手臂和腿形成盾狀，對準球的來向，也可以膝蓋脆撐，然後將球抱於胸前。

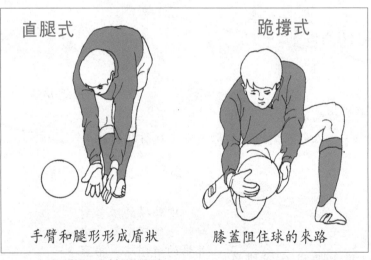

直腿式　　　　　　　　跪撐式

手臂和腿形形成盾狀　　　膝蓋阻住球的來路

（1）直腿式接地滾球

面對來球方向，兩眼注視球，兩腿自然伸直開立，兩腿間的距離小於球的直徑。腳尖正對來球方向，上體前屈，兩臂並肘微屈前迎，兩手掌心斜向上對正來球，兩手的小指相靠近，手指微屈，整個手型呈「圓勺形」，在手指手掌觸球瞬間，手指、手腕適當緊張用力，屈肘屈腕隨球後撤緩衝，兩臂靠近將球抱於胸前。

（2）跪撐式接地滾球

　　身體正對來球方向，兩眼注視來球，準備接球時，兩腳左右開立，一腿屈膝深蹲，另一腿屈膝以膝關節內側接近地面或觸及地面，整個身體成單腿跪撐狀。

　　單腿跪撐腿的膝關節靠近深屈膝腿的腳跟部位，間隔距離不大於球的直徑。上體前傾，手掌向前上正對來球，兩手小指靠近，屈腕，兩手臂下垂略屈肘前迎，整個手型呈「圓勺形」。在手指手掌觸球瞬間，手指、手腕適當緊張用力，屈肘屈腕隨球後撤緩衝，兩臂靠近將球抱於胸前。

2.接平直球

在接射向胸部和胃部的勁射球時，身體會失去平衡。為防止這種情況，守門員需要緩衝球的衝力。這時，守門員將身體輕度彎曲，當他接住球時就好像將球吞下去一樣。

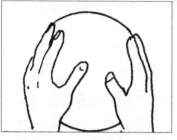

接胸部以上高度的球的手勢：手指分開，兩拇指幾乎相接。

手臂與身體形成搖籃狀接住球。

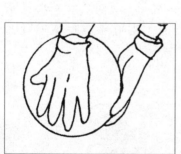

接與胸同高或低於胸部的平直球的手勢：手指分開，兩小指幾乎相接。

（1）接與胸部同高的球

接與胸同高的球有兩種技術：

兩手掌心相對，儘早在體前接住球，雙眼注視球。距球 30 公分給球以緩衝的空間，頭部保持穩定。

守門員身體正對來球方向，手掌張開掌心向上呈「杯狀」。接球時兩臂緩衝將球引至胸部置於前臂將球緊抱住。頭部和肩部稍前傾，胸部在承受衝擊時稍放鬆。

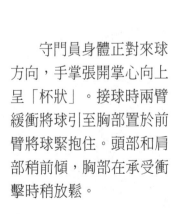

（2）接與腰部同高的射門球

身體正對來球，兩腳開立，與肩同寬，上體稍前傾，身體重心位於雙腳的前腳掌上，兩眼注視來球，兩手掌心相對向斜前上方，手部形狀呈「圓勺狀」，伸臂略屈肘前迎，球觸手時，手指手腕適當緊張用力，並屈肘回撤緩衝，將球抱於胸前。

（3）接與大腿同高的球

以手臂呈「杯狀」式動作可接距守門員身前約60公分的來球，身體前傾將球收接入腹部，除了是在接與大腿同高度的緩衝來球之外，其他技術與接腰部同高的球十分相似。

接身體前與大腿同高的球，雙手在體前約30公分處接球，以便有一個緩衝球的空間。

接球時的雙腿應有一個角度，右腿膝關節向左腿膝部彎曲，以確保球不可穿越守門員的兩腿。這就是所謂「K」字腿型的接球姿勢。

3. 接高空球

接高空球常有原地接胸以上高度球和單腳或雙腳跳起接球形式。

（1）原地接球

注意兩臂上伸引球，兩手拇指相靠，當手觸球時手指和手腕適當用力並轉腕，將球收抱於胸前。

雙手應儘早在體前輕鬆地接住球，保持雙眼能注視到球。如讓球在頭上時再接球是錯誤的。兩手應觸及球的側方和後部，手指張開保持放鬆，觸及球的兩側，兩手大拇指相距約 5 公分。雙手在體前接球時，守門員既要能看到手中的球，又要進行緩衝，降低球的速度。雙手應距體前 30 公分，這個距離是最佳的緩衝距離。

（2）單腳跳起接球

這一接球形式多表現於出擊場面之中，成功的關鍵因素在於及時到達選擇的接球點。動作規格近於原地接高球。

當守門員躍起接高球時，他會儘量使自己面對球的空中運行方向（飛行方向）。接住球後，迅速將球收近身體以確保其安全。在潮濕的天氣裡，有些守門員戴手套以防球脫手。

（四）撲接球（撲球）

撲球是守門員技術中的難點。常常是守門員在移動後無法及時接到球時，採用的一種補救方法。

利用身體迅速倒地以延伸手臂的控制範圍，從而將遠離身體兩側的球接住或擊出。

倒地撲球有兩種方法，一種是身體在空中沒有完全離地騰起的側撲，另一種是身體在空中完全騰起離開地面的魚躍撲球。

沒有離地騰空的側撲球動作，主要用於撲接離守門員身體稍遠，速度較快的地滾球。

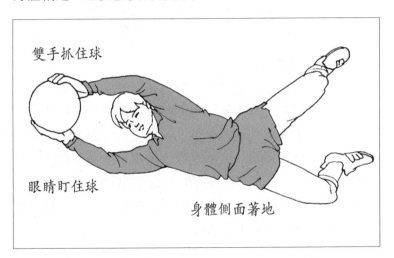

雙手抓住球

眼睛盯住球

身體側面著地

撲球時，守門員迅速單腿起跳（通常是距球較近的那條腿）以獲得最高的高度和最大的力量。此時應儘量展開身體形成一堵「牆」正面對球，而不是正面對地。一接住球，立即將球抱於體前，這樣進攻隊員就無法將球踢掉。

1. 撲地面球

射向守門員身體兩側的地滾球是很難撲救的，守門員需要快速側向倒地撲球，將身體置於球的後面。

（1）彎腰倒地撲球

快速倒地接地滾球的方法是彎腰倒地撲球。一腿的膝部彎曲使身體向同側降低重心而置於球的後面，並將雙手置於球後。

（2）側向倒地撲球

兩眼注視來球，身體重心降低並位於兩前腳掌上，向側面倒地撲球時，異側腳用力側蹬，同側腳屈膝迎球向斜前方跨出，上體順勢加速倒地，同時雙臂迅速伸出迎球，兩手一手在球後封堵，一手在球上按壓球，將球接住，並快速將球收回抱於胸前。同時，兩腿屈膝回收在胸腹前保護身體軀幹。側撲接球倒地時的順序是小腿、大腿、臀部、肩和手臂外側依次著地緩衝。

要接住離自身身體很近的低球，對守門員來說是很困難的。我們經常可以看到一些沒有經驗的守門員向球直撲過去，而球卻從他們的身下滑過去了。本圖為我們提供了一個良好的示範動作。守門員身體向球倒下，雙腿儘量避開，以便用雙手和上半身阻住來球。

（3）撲腳下球

有時，守門員救球的唯一辦法是直接撲到進攻隊員腳下，用自己的身體撲住球。此時他必須身體側面著地，屈體抱住球。時間的掌握是十分重要的，如果他撲球稍早，進攻隊員就會在他身體上方踢球，而稍晚一點，球又會從他的身體下面滑過。

撲腳下球動作與撲側面球相似，迎上步幅要小，重心應低，抓住對方推球腳著地剎那或來不及起腳的瞬間撲斷。身體要橫展，盡可能封角度，落地後應注意團身。

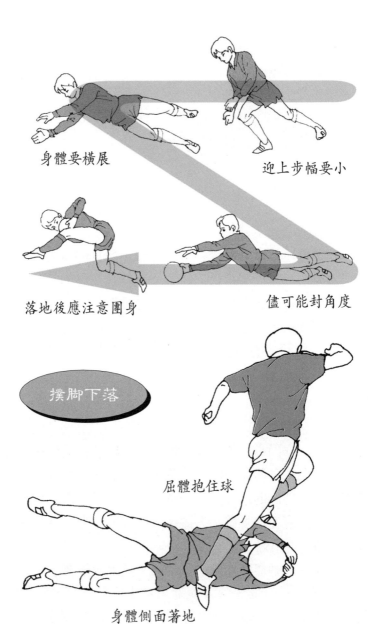

身體要橫展

迎上步幅要小

落地後應注意圍身

儘可能封角度

撲腳下落

屈體抱住球

身體側面著地

2. 撲平直球

這一救球方式表現於向球門側面撲救、斷截傳中球以及前躍斷球等。

完成這一動作應注意展體，手指用力抓住球，接球後以肩部往下依次著地並迅速團身。

注意展體

跨一大步

手指用力抓住球

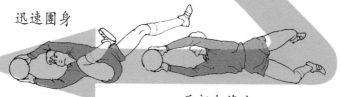

迅速團身

肩部先著地

3. 撲高球

撲接高球有側面、前面和身後幾個方向，它是以腿先著地並依次由下至上落地，並迅速團身。

撲接空中球時，身體面對來球，兩眼注視球，身體重心迅速向球飛行一側移動傾斜，當重心移至起跳腳時，起跳腳發力快速側蹬，使身體向來球方向騰空躍出。在身體向來球方向躍出的同時，身體充分伸展，兩臂迅速向球伸出，以「圓形」手形觸球的側方及側後方將球接住。著地時，雙手持球屈肘，以前臂、肩部、上體側面的下肢依次著地，並迅速將球收回在胸腹前，注意屈膝團身護球和保護球和保護自身。

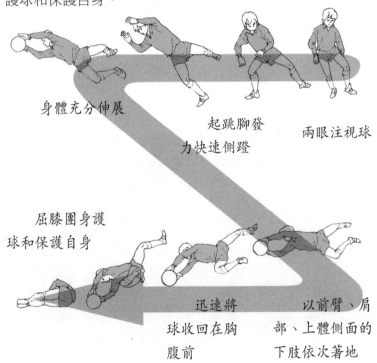

身體充分伸展

起跳腳發
力快速側蹬

兩眼注視球

屈膝團身護
球和保護自身

迅速將
球收回在胸
腹前

以前臂、肩
部、上體側面的
下肢依次著地

(五)拳擊球

　　拳擊球是在接球把握性不大或雙方劇烈爭奪時所採用的一種技術。它可分為單拳和雙拳擊球兩種形式。　.

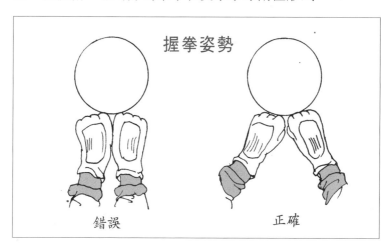

握拳姿勢

錯誤　　　　　　　　　正確

拳擊球的中部

　　如果球來勢過高或周圍有多名進攻隊員包圍，守門員可以用拳擊球。擊球時，用力儘量大，如果可能，應緊握雙拳，把球向其飛來的方向反擊出去。

1. 單拳擊球

單拳擊球時，在跳起過程中，擊球臂位於肩上側，屈壓握拳，體稍側轉，身體跳起達最高點時身體快速回轉，以肘帶動肩揮拳，用拳面將球擊出。

2. 雙拳擊球

雙拳擊球時，在跳起上升階段，雙手握拳屈肘於胸前，兩拳心相對，兩拳併攏，在身體跳到最高點時雙拳同時迎球將球擊出。

（六）托　球

如果球距離球門過近，來不及採用接球或擊球手法時，守門員可以用手掌或手指輕輕擊球，使其越過橫樑或繞過門柱。他必須十分謹慎，如果球不能被托出橫樑或門柱，就會落入球網。

手指張開用
手掌前部觸及球

托球主要用於撲接球把握不大的情況下，採用跳起向後托球和躍起向側後方托球等場面中。有時可用最靠近射門地點的那隻手掌將球托出或擊出球門橫樑，有時也可用另一側手托擊球。無論用哪隻手托擊球，關鍵的是要張開手掌來托擊球，以加大觸及球的面積。

托球成功的關鍵因素取決於及時移動起跳到位。

(七)發球(開球)

發球是守門員組織進攻的重要手段。守門員的發球一般包括腳發球和手發球兩類。守門員腳發球有踢凌空球和踢反彈球兩種，手發球有肩上單手擲球、低手擲球和勾手擲球等。守門員發球要注意以下幾個方面：一是發球要穩，二是發球要快，三是不要盲目發長傳球，發球要準。

1. 手擲球

　　如果球在守門員手中，為了組織一次快速反擊，應儘快將球「分」出去（把球再傳給隊友）。傳球方式中最安全的一種就是拋球。請注意，如果球是其隊友傳過來的，守門員則不能採用這樣方式。手擲球被廣泛地運用於守門員發動進攻中，它的最大特色是成功率高。優秀的守門員手擲球距離可達 40～50 公尺以上。

單手肩上擲球

單手低平擲球

勾手擲球

守門員通常採用三種主要的拋球方法：

（1）單手肩上擲球

採用準確的肩上拋球，速度快、力量大、落點低，很難阻截。能突破對方防範。發這種球的力量來自肩部，並在球出手前利用腰部的轉動，然後用力將球送出。這一動作要求充分利用後腿蹬地、轉體揮臂和甩腕的力量，特別應注意整個動作環節串聯一體、協調一致。

（2）單手低平擲球

如果附近有一名未被盯住的隊友，守門員則採用低手拋球，使球沿地面滾動。這一動作與肩上擲球的主要區別點在於手臂位置的不同，另外，擲球時身體重心應降低。

（3）勾手擲球

　　勾手擲球可以到達更遠的地方，但是準確度要比肩上拋球差一些。身體側對出球方向，兩腳前後開立，身體側轉，腰部扭緊，身體重心移到後腳。持球手單手持球後引。擲球時，後腳蹬地發力，迅速轉體，持球手臂順勢由體側向上呈弧線形揮臂擺動，擺至肩上方時，甩腕加力撥球以加大擲球的力量，將球擲向預定目標。請注意，持球手臂沿弧線上擺，另一手臂則相應下擺。直至球脫手，雙臂都應保持伸直。

　　　　守門員發手拋球時，距其最近的邊後衛（注意向外側拉開或接近）直接接應，策劃攻勢，前鋒隊員接應守門員的凌空踢球時，注意不要越位（直接接球門球時無越位限定）。

2. 腳踢球

腳踢球具有出球遠的特點，目前大多數守門員可以將球踢至對方罰球區前沿的位置。這種發球目前常見於發動快速反擊，本方爭搶空中球能力較強、中後場組織進攻力量較弱，以及風沙天氣等特定的條件或戰術形勢下使用。

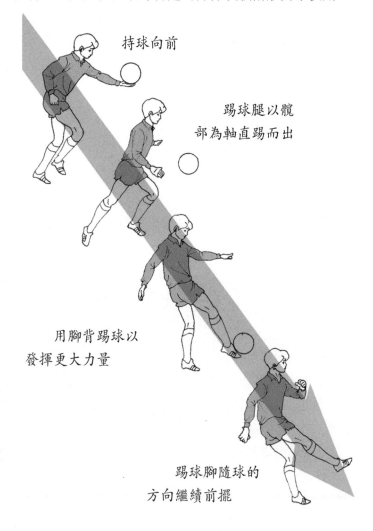

持球向前

踢球腿以髖
部為軸直踢而出

用腳背踢球以
發揮更大力量

踢球腳隨球的
方向繼續前擺

守門員大腳開球門球

（1）踢凌空球

這種踢球是不等球落地用腳背正面將球擊出，它多用於踢遠距離或雨天和場地泥濘時使用。

踢凌空球時，守門員雙手持球將球向體前稍稍拋起，與腰部同高，當球下落時，守門員以腳背正面擊球後下方，將球向空中沿45度角踢出。擊球時，眼睛注視球，踝關節要緊張用力，保持腳形的固定，支撐腳位於球的側後方，以利於踢球腿的擺動加大踢球力量。

（2）踢反彈球

這種踢球是在體前低拋球，球落地後反彈起來的剎那將球踢出的一種形式。它比凌空球準確性高，另外，由於拋物線小，也更易於同伴接球。

踢反彈球時，守門員雙手持球將球向體前稍稍拋起，與腰部同高。當球下落著地剛剛彈起時，守門員以腳背正面擊球後下方，將球向空中沿小於 45 度角踢出。擊球時，眼睛注視球，踝關節要緊張用力，保持腳形的固定，支撐腳位於球的側後方以利於踢球腿的擺動加大踢球力量。反彈球的飛行速度比凌空球的飛行速度要快，弧度也低，如果要踢出沿地面飛行的反彈球，支撐腳的腳尖位置應當離

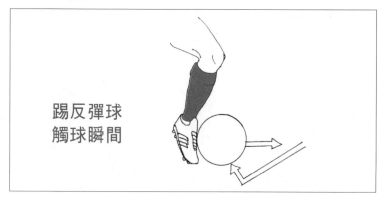

踢反彈球
觸球瞬間

球的前緣更近一些，擊球時作用力應當通過球體的水平線和垂直中線，即沿水平方向擊球的重心。

歐洲和南美守門員腳踢球開球的技術動作有很大差異。南美守門員腳踢球開球時動作幅度大，擺動腿擺動路程遠，基本上是在身側劃一半圓削切足球底部。而歐洲守門員整個開球動作基本在一條直線上，呈閉合型。

南　美　型	歐　洲　型

守門員開球發動進攻

守門員發手拋球時，行動要快、接應要快。守門員要起到指揮作用，隊員們要和守門員默契配合，形成攻防一體。

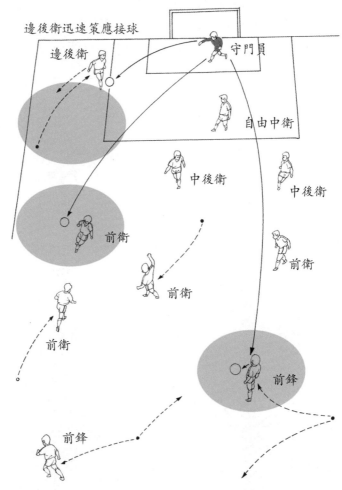

邊後衛迅速策應接球

邊後衛　守門員

自由中衛

中後衛　中後衛

前衛　前衛

前衛　前衛

前鋒

前鋒

前鋒隊員接應守門員的凌空踢球時，注意不要越位（直接接球門球時無越位限定）。

第 準備和整理活動

7

章

準備活動是足球訓練中必不可少的課程，特別是近年，身體柔韌性日益受到重視，很多球隊為此付出很多時間。

在 1.5～2 小時的訓練時間裏，用 30 分鐘做準備活動比較恰當。

準備活動是為了順利進入正式訓練而進行的身心調整和適應，其具體目標如以下四點所示：（1）調整呼吸系統、循環系統，促進體溫上升。（2）防止身體受傷，進行肌肉、關節及神經系統的調整。（3）振奮精神、穩定情緒、緩解和消除緊張心理。（4）向正式訓練過渡的準備性、適應性、集中性練習。

不論什麼時候，每名隊員或者球隊整體都應該全身心投入，認真、充分地做好準備活動。

😊本章重點

●身體柔韌性系列活動。

●慢跑、變換步法跑、衝刺跑等系列跑活動。

●單人有球柔韌性活動以及雙人有球以傳接球為主體的活動。

●向正式訓練過渡的準備性練習。

一、身體柔韌性系列活動

　　柔韌性練習對活動肌肉和韌帶，加強關節各部位的靈活性是很有必要的，對預防身體受傷也有積極意義，因此請正確而細緻地做好各種練習。

　　安排柔韌性練習，自然要把主要肌肉群按摩、伸展，還要把腰、胯、腿、踝、腳等部分的關節充分活動開，這是重點。

　　柔韌性練習，原本適宜隊員單獨進行，但隊員獨自練習時，容易對其動作及時間自由加減。所以，請在教練指導下，全體隊員共同實施練習。

　　某些必要的柔韌性練習，實際上是安排在全部訓練結束時作為整理運動課進行的。具體內容見圖示。

二、綜合跑練習

　　隊員成一列橫隊站在端線上，按教練員口令進行綜合跑練習（距離至中線）。

　　1. **慢跑、放鬆跑**：從 30%→60%→90% 逐漸提高速度。

　　2. **綜合跑**：墊步跑（前腳著地後接著向前墊一步，左右腳交替）；例退跑；側身跑；曲線跑；快速跑加轉身倒退跑等。

　　3. **動作跑**：高抬腿跑；後踢腿跑（踢臀部）；外踢腿跑（向外側擺胯）；內擺腿跑（向內側擺跨）；旋轉跑（不斷轉身）；變換方向跑；跳躍跑（跑動中不斷跳起）；坐地起身跑；滑步跑；前滾翻跑等。

　　4. **衝刺跑**。

這裏需要注意，全體隊員成一列橫隊站在線上，按順序進行。在練習中，把握好全隊和個人關係，注意整體步調一致，認真練習。

三、單人有球訓練

用力將球向地面擲，球彈起後，快速做下列動作，待球向下落時，即刻用身體停球。

（1）坐姿擲球起身接球。

（2）四肢著地（俯臥撐姿勢）起立接球。

（3）前滾翻站立接球。

（4）後滾翻站立接球。

（5）360°轉體後接球。

（6）站姿擲球，坐立（下蹲臀著地）起身接球。

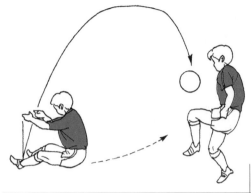

坐姿擲球起身接球

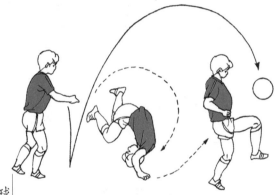

前滾翻站立接球

後滾翻站立接球

俯臥撐起立接球

360 度轉體後接球

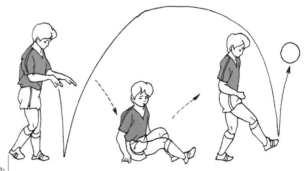

坐立起身接球

四、雙人有球訓練

練習 1

從頭上向腿下輪轉傳遞球。兩人背靠背站立，1人持球從頭上順時針傳給同伴，同伴接球再從胯下返還給對方。儘可能快地在規定時間內多傳遞，或者在規定回合內統計時間。

練習 2

側轉體傳遞球。兩人背向站立，1人雙手持球側轉體傳遞給同伴，同伴接球後轉體 180 度回傳給對方。注意節奏配合。

練習 3

運動中傳接球。兩人相距 3～5 公尺，各持 1 球，按相同方向，一邊跑一邊相互傳接球。

練習 4

同上，折返行進傳接球（間距 5 公尺）。

五、三人有球訓練

三人一組，一人用力向地面擲反彈球，另兩人並行競爭（可合理衝撞）停球，停球者再將球返還給擲球者。

> **練習 1**
>
> 背向擲球者，坐姿，起立爭搶，停球。

> **練習 2**
>
> 前滾翻，站起後搶奪球。

練習 3

後滾翻，站起後控制球。

六、多人有球訓練

兩人一組，從端線到中線，做有球往返運動。出發隊員可用頭、手、腳等部位相互傳接球。出發時兩隊員間隔略近，返回時，兩隊員則略向兩側拉開 1～2 公尺，相互用手擲球，返回。

始發傳球種類：

橄欖球式傳球（球從胸腹前拋出）；交叉傳球；踢牆式傳球；單人頭頂球（另 1 人擲球）；雙方頭頂球；用腳直接回傳空中球（1 人手拋球、1 人直接回傳）；兩次空中墊球（球不著地，第 2 次將球傳出）。

第 7 章

準備和整理活動

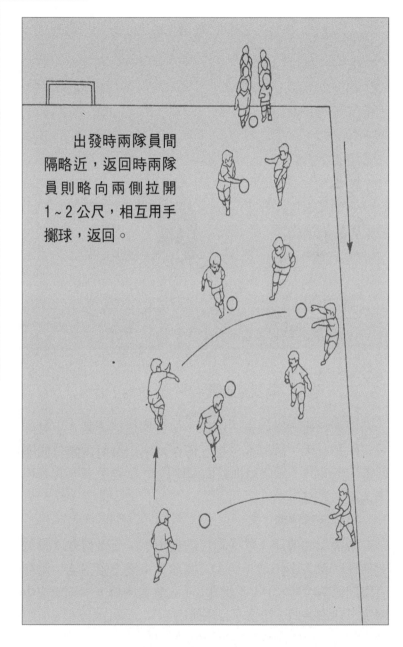

出發時兩隊員間隔略近，返回時兩隊員則略向兩側拉開1~2公尺，相互用手擲球，返回。

七、基礎訓練前的過渡練習

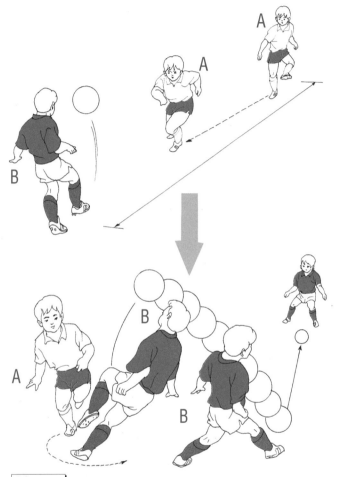

練習 1

　　傳接球及控制球練習。A 向 B 傳球後，即作為防守者徑直向 B 的方向跑動，上前搶截球。B 用假動作晃過 A，將球傳給 C，如此反覆進行。

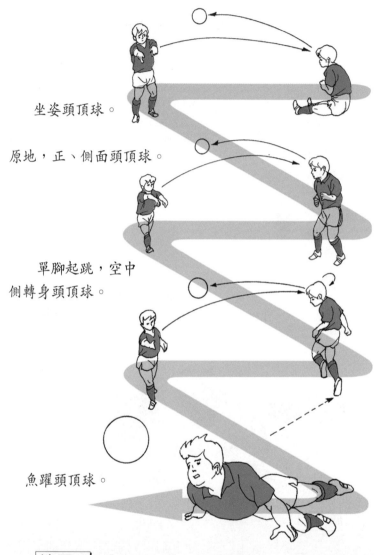

坐姿頭頂球。

原地，正、側面頭頂球。

單腳起跳，空中
側轉身頭頂球。

魚躍頭頂球。

練習 2

兩人一組，頭頂球練習（1拋1頂）。

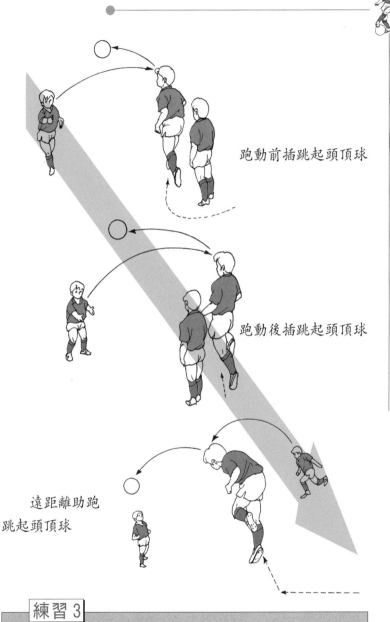

跑動前插跳起頭頂球

跑動後插跳起頭頂球

遠距離助跑
跳起頭頂球

練習 3

3 人一組，頭頂球練習（1 人拋球，兩人配合頂球）。

國家圖書館出版品預行編目資料

足球技巧圖解 /麻雪田 等 編著
－初版－臺北市：大展，2006【民95】
面；21 公分－（運動精進叢書；11）
ISBN 978-957-468-487-8（平裝）

1. 足球

528.951　　　　　　　　　　　95014169

足球技巧圖解

編 著 者／麻 雪 田 等
責任編輯／秦 德 斌
發 行 人／蔡 森 明
出 版 者／大展出版社有限公司
社　　　址／台北市北投區（石牌）致遠一路 2 段 12 巷 1 號
電　　　話／(02) 28236031・28236033・28233123
傳　　　真／(02) 28272069
郵政劃撥／01669551
網　　　址／www.dah-jaan.com.tw
E-mail／service@dah-jaan.com.tw
登 記 證／局版臺業字第 2171 號
承 印 者／傳興印刷有限公司
裝　　　訂／眾友企業公司
排 版 者／弘益電腦排版有限公司
授 權 者／北京體育大學出版社
初版 1 刷／2006 年（民 95 年）10 月
初版 2 刷／2011 年（民 100 年） 8 月　　　　　　定價／230 元

大展好書　好書大展
品嘗好書　冠群可期